T0368733

Santiago Calleja Arrabal

§

"Elogio del Lado Oscuro"
Poemas y Prosas

Compre este libro en línea visitando www.trafford.com
o por correo electrónico escribiendo a orders@trafford.com

La gran mayoría de los títulos de Trafford Publishing también están
disponibles en las principales tiendas de libros en línea.

Impreso en United States of America.

ISBN: 978-1-4251-2206-5

*Nuestra misión es ofrecer eficientemente el mejor y más exhaustivo servicio de
publicación de libros en el mundo, facilitando el éxito de cada autor. Para conocer
más acerca de cómo publicar su libro a su manera y hacerlo disponible alrededor del
mundo, visítenos en la dirección www.trafford.com*

Trafford rev. 12/7/2010

www.trafford.com

Para Norteamérica y el mundo entero
llamadas sin cargo: 1 888 232 4444 (USA & Canadá)
teléfono: 250 383 6864 ♦ fax: 812 355 4082

Santiago Calleja Arrabal

A mi madre y amiga,
María Josefa Arrabal,
Con todo mi afecto y amor.
A la desdicha que nos hace mejores.

Ninguno que encienda una antorcha
La cubre con una vasija,
O la pone debajo de la cama;
Mas la pone en un candelero,
Para que los que entran
Vean la luz.
Porque no hay cosa oculta que no haya
De ser manifestada;
Ni cosa escondida,
Que no haya de ser entendida,
Y de venir a la luz

Evangelio según San Lucas
(LC. 8, 16-17)

Dios envía a cada cual tentaciones de acuerdo
Con la fuerza que cada cual tiene

André Guide, Journal
(1889 a 1949)

¿Qué sucedería si nuestro lado oscuro fuese el más poético?

- Prólogo -

Elogio del lado oscuro pretende ser pregunta más que respuesta a esta sugerencia. No en vano el mejor libro de filosofía debería contener tan sólo preguntas y dejar al lector la honrosa tarea de responder. Filosofía y poesía van juntas en ocasiones, -pido disculpas al lector poco acostumbrado a ello-. En los versos que siguen encontrarán respuesta, de ser posible, a la pregunta que en ocasiones surge desde lo más hondo de nuestras emociones y deseos más ocultos (que son por ende aquellos que más nos asustan y con los que siempre estamos en deuda).

Todo impedimento presupone antes un deseo consciente o no, una pulsión o un impulso visceral que lo aliente y del cual surge. No sufran, no están frente un tratado filosófico al uso sino ante su mínima expresión, su antítesis más probable. Alteridad filosófica en estado puro. Del lado de la poética también se encuentra nuestro lado más lúdico, más visceral, hondo y por descontado; poético (mal que nos pese).

Nos asusta lo que no comprendemos tanto o más que nos atrae, pues ese es el fin de todo abismo; de todo fracaso y de toda posibilidad de redención no sacrosanta. Redimirnos en lo poético es abrirnos a un sin fin de posibilidades: libido insidiosa y canto de los cuerpos y del amor, de aquellos que se reconocen sobre el espíritu tanto como sobre el cuerpo. Aquí soy cuerpo puro y puro espíritu ;también y no en menor medida sus contrarios: pureza de espíritu y corporeidad pura -a veces tan sólo cuerpo- pues; ¿cómo afirmar algo así sin aceptar antes que lo sublime sea el cuerpo?

No hay límite fijo sino pura senda y puro ir haciendo al hilo sinuoso de nuestras más exquisitas fantasías (literarias o no). El poeta toma del poso de su fracaso, de su fantasía, de su oscuridad; la esencia más perfecta y la vierte en poema, en narración, en todo caso: en discurso. Lo que acontece al discurso ya no le incumbe (no diré que no le afecte) es más bien un dejar en libertad aquello que ha estado oculto durante tiempo y que puja a través de metáforas e historias. De este proceso creativo común a muchas disciplinas bebe también la poesía. Que no todo sean cantos, ni lirismos de perfección; de belleza... Más allá -del lado oscuro- está el extraño objeto de nuestros deseos, bien luz, bien sombra pero siempre pulsión inconfesable que se abre en senda de prodigio, de deseo, de texto o relato. Aquí, frente a vosotros están esas pulsiones, dignas de elogio y por ello no faltas de pasión. Del lado oscuro nacen estas rimas y estas imágenes ofrecidas como poemas de plumaje críptico en ocasiones aunque debidamente abocadas a la luz que ahora las ampara a través de la lectura. Todo poema se actualiza con cada lectura y se convierte en verdadero en el trámite de su recorrido. Ese es su destino, sin más. Nada más le incumbe ni le afecta. Es el lector quien apunta al norte de su significado. Por tanto, un libro, un poema son un arma cargada que apunta a nuestro intelecto, a nuestras emociones y modifica nuestra conciencia.

No existe nada inofensivo en poesía. Suyo es, por tanto, ese poder.

"Walt Whitman repitió irremediablemente palabras de Cristo, porque los dos estaban hechos para el amor" (afirmación rotunda y tenebrosa del poeta J. A. González Iglesias). Sí, quizás sea cierto que sólo los visionarios sean esos locos que adolecen de un mal llamado poesía, ese arte de la tozudez y el gusto por la belleza, por el placer de las palabras. Placer y displacer (en ocasiones viene a ser lo mismo) que nos produce en definitiva un hondo efecto de sentido, digamos, vital y para muchos y muchas necesario.

De esa conciencia de inútil utilidad, de gozo en la palabra y de sentido totales bebe este libro y todo aquel que se precie. En poesía no importa el fracaso, importan las vivencias, las confesiones y los sentimientos que expresan (incluso el lenguaje esté a veces de más). Así lo afirma el poeta Benjamín Prado: "No importa cómo es un poema sino en quién te conviertes". Tan puramente un arte de lo imposible se cumple en lo posible cada vez que un lector termina la lectura de un libro o la inicia (según se mire).

Aquí radica mi logro y mi venganza más sutil. Que nadie desprecie la poesía pues se desprecia a sí mismo. Desprecia de alguna forma, la posibilidad de obtener valor y sentido del fondo del caos que nos habita. Ya lo dije antes: Un poema es un arma cargada.

No sólo a ellos, sino a todo aquel que, como yo, resida en el amor, en el imposible olvido y en la felicidad que nos aguarda; está dedicado este libro. También a aquellos que se sintieron fracasados cuando en realidad sabían que la meta era lo menos importante. La experiencia de cualquier intento es lo realmente importante y cómo ante ella surgen nuevas posibilidades.

Es por ello que desde este lado oscuro del que procede la poesía, de esta experiencia de fracaso nacen los poemas que a continuación encontrarás. Poemas huérfanos, solitarios, imposibles, aleccionadores, libidinosos, tercos y oscuros, poemas que en ocasiones adquieren un tono profético (como en el caso del poema "Milenio o el arte de la desesperanza"). Poesía que nace queriendo desesperadamente anunciar un mundo al que nunca perteneció.

Del lado oscuro también surgen composiciones de tono tierno o si se prefiere, romántico. El amor como tema no ha dejado de tentarme nunca y es en poesía donde encuentra su expresión literaria más auténtica. El amor imposible -¿conocen alguno que no lo sea?-, o el mero canto de quien observa un cuerpo desnudo y se pregunta sobre sus prodigios. El desamor o la soledad son fácilmente objetos poéticos también aquí. La sensualidad y cierto atrevimiento son también cualidades que espero encontrarán en mi libro.

Deseo que los versos que a continuación encontrarás adquieran su verdadero lado oscuro, al descubrir que de allí también procede la luz de la que emanan.

Que así sea.

Santiago Calleja
Barcelona, Octubre de 2008

I

ELOGIO DEL LADO OSCURO

Nadie desconoce que los seres oscuros llaman débauche o libertinaje o desorden licencioso a la vida del libertino. Pero esa es una lectura perversa. El libertino que celebro y quiero es latino y francés, feliz y anticatólico. Cuantos he conocido me enamoraron siempre, por entero.

En, Celebración del libertino, 1998
Luís Antonio de Villena

A Merced de mi Debilidad

Cruzar un puente de ceniza
Que arroja viento y miedo
Allí donde antes muriera
De luz y de vida.

Los semáforos,
Las calles con olor de asfalto,
La soledad hecha cómplice
Se cierne por siempre
Sobre el corazón.

Y llorar ya no significa
Cuando la risa es el antídoto
Contra la estupidez.
Las hormigas del olvido
Trabajan a mí alrededor
Jugando a edificar ficciones
Hechas de miel y abrazos.

Te vas como los huracanes
Rasgando el placer de los cuerpos,
Arañando el velo de la inocencia.
Te fuiste en un amanecer de besos
Donde yo no pronuncie tu nombre.

Y hubiera podido quererte...
Mas la huida brusca
Como un cuerpo que se precipita al vacío,
Lo impidió.

Pensé haber soñado.
Desperté a la muerte.
Deambulo al sostener
Esta existencia.

Roto en el pecho el dolor hecho añicos
Cuando acierto al pensar
Que el dolor corrompe aunque regenera,
Huele a humedad.
Sabe a miedo.
El dolor dice aquello
Que el corazón calla.
Es el rey que otorga en su enseñanza
Prodigios que la razón desconoce.

A cambio sólo exige un alma intacta.
Su dominio es incorporal.
Su reinado...
El silencio de los abrazos.

El dolor que habita en las soledades,
El que compone secretamente
Los cimientos del deseo
No precisa de casuísticas,
No pide permiso:
Existe para permitir
Al placer su futuro dominio.

Metafísicas de un carcelero corazón roto.

Camino de Santiago

Se oyó como la lluvia rompía pensamientos tras el cristal.
Al viento quebrarse al cesar el impulso de la tormenta.
Al corazón desbaratado y harto de los despojos de la razón,
Hundir la daga definitiva en la esperanza.

Ir haciendo, siempre.
Ir caminado es ir tomando el pulso minucioso al tiempo,
Es la lucha contra el deseo.
Cada minuto se alarga trágicamente
Dando paso al siguiente,
Siendo éste diferente a su anterior.
Como lo es también la cambiante gota
Que abandona tras de sí la tormenta.

Y pasó, el viento.
Cesó, la lluvia.
Ya no hay llanto verdadero,
Ni climatología del alma.
Tan sólo este inevitable ir haciendo.
Nunca antes supe medirme
Con metáforas de este orden.

Pues temo mi paso
Al igual que temo el paso que dejó el amor.
Por ser indispensable y arrogante,
Indecible y múltiple
Incontrolable y por siempre, sagrado.

Nos arrebata,
Somos abocados ante arrecife de sentimientos,
Obligados a nombrar la realidad.
No podemos escapar
De la condición de ser hombres.
La humanidad se ama en un desempeño
Incomparable.
Todo siempre ha sucedido
En la más completa clandestinidad.
Clandestinidad de besos y abrazos,
Filo en la cuchilla del deseo
Y el arte del disimulo se hace norma inconfesable,

Regalo de réprobos amantes
Olvidados.

La Naturaleza es puro acto
El hombre pura indefensión.
Violencia de los abrazos
Y luz de los besos
Tras el silencio del amor.

Colisión

A Jean Cocteau

Tuve muestra de la primera hora reducida.
Cuerpos y hombres corpulentos
Tocan las alas de las mariposas llenándolas de betún.
¡Zapateros idiotas¡

Asustados del monstruo que llevan dentro
Se descalzan y gimen entre
Montañas de cieno y gigantes de ceniza.

Las palomas han nacido para ser palomas
Y no gusanos machacados por ásperas manos,
Pulpos ignorantes.

Creo que era ironía

Soy un hombre. Además,
Si he perdido mi tiempo,
No lo he perdido todo.

J. A. González Iglesias

La esencia de las palabras,
Signos y sonido
De abrumados significados
Por el advenimiento
A un mundo que les sujeta
Y al que no quieren significar.
He aquí el hombre...
Despojado pero docto.
Pretor de ideas
Que precipita al vacío
En un espasmo de orgasmo.
Los hombres,
Con la intención de ser reconocidos,
-Mendigar alguna forma de trascendencia
No nos hace mejores-,
Se agolpan cual sordo discurso.

Seres dotados de lenguaje,
Expresión ciorana del vacío.
El hombre,
Ese ser inenarrable
Que aspira a su propia definición,
Tristemente,
Un ser por pensar.

De Paso

Pasó como la pena
Dejando manchas de algas sin olvido
Dentro del corazón.

Pasó como el rayo,
Como una luz sin compañía.
Y llenó todo rincón
Con palabras de mar.

Iba jugando con las olas
Como infante marino,
        Como un delfín herido por la vida.

Lleno de una fuerza comparable
Al lenguaje de las olas en un mar
De incertidumbre.

Era de pura luz
De mar y amar
Pero este corazón de pies de secano
Que no sabe caminar haciendo piruetas
Sobre los álgidos acentos del mar,
Se quema los pies
Por no saber naufragar sin compañía.

La soledad se parece al destino
Tan sólo en una cosa:

Nunca elegimos,
        Somos elegidos.

Donde Habite el Olvido

Abriré un camino en la sombra
Donde el sueño o la vigilia sean otros,
Donde reposar con sabia intención
Al curar las heridas que causó el amor.
Que donde habite el olvido
También la ilusión florezca.

Que nazcan flores nuevas
Sobre un campo de asfaltos y aceras frías
Sin rumbo fijo.
Así me habla la vida, así mi circunstancia
Cincela este presente, menos malo -si se quiere-
Menos loco, menos triste...,
Pero no por ello falto de luchas y fatigas.

Allí -ya lo dije antes-, abriré un camino que será
Una senda de luz y prepararé el dormitorio para la pasión,
Pues no faltará a su cita.
No vendré para tener que irme
Ni sudaré mi dicha en segundas residencias:
los hostales que la pasión prepara
Son celdas donde más tarde nos atrapa el amor
En forma de gozo y deseo.
Este juicio, esta vida que es sangre derramada;
Esta pétrea felicidad fortificada, esta fortuna
O desazón que no es senda peligrosa solamente,
Sino gozo e ilusión.
Un canto, un camino a la pasión, son.
Una vida que es la nuestra
Que es, solamente, nuestra.

Sigues tú allí,
En tu kármico camino, sin rendición posible;
Inefable y mágico,
Sujeto a tu perfecta circunstancia de intangibles hábitos
Me llenas de luz y sombras,
La tuya quizás,
Que a veces me regala tu sonrisa,
Me hipnotiza y me devora.
Pues entonces amanece en mi corazón y siento
Tu fuerza hecha belleza y temblor.
También me llega el temor, el llanto, la felicidad que nos habita.
No hay camino de regreso: tan sólo hay camino
Y este inevitable ir haciendo...

Bendito seas tú,
Corazón, pulso, mente, aliento de mi esperanza.
Benditos seáis por siempre
Pues os debo el valor de sentirme vivo, vivo en sombra, pero vivo
Al fin y al cabo.

Caminaré sin ti,
Con esta tristeza en lluvia
Repleta de perfumes que ya respiré.
Seguiré después al gritar vida
Vendrán los astros del amor
Si, vendrán a mi guarida
A traerme sus salmos, sus besos nobles
Su noches sinceras...
No cesar en este camino.

Como un peregrino de luz en una noche sin estrellas
Ir viviendo esta vida y este dolor, acaso sea,
Ir más allá de nuestro propio destino.

Pero dime: si has de venir,
No dudes en llamar, la puerta permanecerá abierta.
Me han pedido que olvide todo
Me han pedido que cambie, que sea otro
Me han rogado que esta luz de mis manos no sea luz,
Sino dádiva, en fin, nada particular...

Yo canté quien yo era, y dije verdades que provocaron espanto
Canté fuerte, dije nombres y palabras del amor.
Amé con fuerza desmedida.
Por ello, no me pidáis más,
No cambio,
Pues esta libertad mía está hecha
De jirones de felicidad, de lucha y de llanto.
No me pidáis otra historia, ni otro dolor,
No, otras manos sin voz:
¿Acaso vosotros podéis mirar
En esta noche sin estrellas mejor que yo mismo?

Allí, donde habite el olvido,
Quedan las palabras solas
Y los significados sin aliento
Son estatuas de sal en sombra.

El Mar

Escucha como el viento me llama galopando
Para llevarme lejos.
Deja que todo pase, que todo sea,
Mientras que yo, bajo los grandes ojos de la noche
Pura levedad efímera;
Descanso en suspiro el tacto que nos templa.

No es cierto que olvidé el amor oscuro,
El roce perfecto de la fugacidad...
El amor es del mar, a veces.
Pasa y se lleva al menos cinco cosas,
Cinco acentos, cinco temores todavía:
Uno es un beso fugaz (beso de primerísima vez),
Lo segundo, un suspiro acompañado de un leve escalofrío.
Un rayo que atraviesa la razón es lo tercero.
Lo cuarto son tus ojos, azules y perfectos
Como dos horizontes callados.
La quinta cosa es aquella que me impulsa a escribir
Y reside en mi pecho.

El amor de los marineros es fugaz, ya otros lo cantaron.
Del primero al último del más elegante al ultramoderno,
Los poetas amaron la fugacidad
Y la expresaron con tinta derramada.
En ese pasar se gesta la suerte de una verdad chiquita
Redonda, sinuosa y huérfana que alimenta todo presente.

Los marinemos besan y se van,
Duermen con el mar un día
Al otro templan el ansia de ignorante leopardo...
Todos lo cantaron, todos sin excepción lo nombraron:
Basta ser y no ser para invocar su presencia, ellos son la mismísima
fugacidad.
"Llegan, besan y se van"
Su estela indica el camino que no seguiré, la ruta sin mapa,
El azúcar sin amor...
Ellos llegan, besan y se van.
Son del mar y regresan a la manada.

El Mesías
(Impresiones Nihilistas)

Prólogo

Y me faltan las palabras
Hoy que mi espíritu se arremolina
Sórdido y leve tocado por la vida.

Bajo la profundidad de estos versos cifrados,
De un futuro advenedizo y terco,
Surge este tácito pacto con el destino.

Las palabras hoy vuelven a las palabras
Regresan al origen del vacío
Desnudas ante quien las vio nacer
Aunque sin dueño fijo.

Hoy es un día de sufridos suspiros
De largas azoteas de tristeza,
De ausencia y pasos sin rumbo.
En la memoria los días se repiten
Sin poder evitarlo,
Sin querer evitarlo...
Son días que se repiten
Frente un ditirambo de nombres que no cesa.

Tal día como hoy
Podría dejar de ser abismo insondable,
Levedad infinita.
Un abismo tal que solamente la poesía
(Esa capturadora de palabras)
Ofrece a sus advenedizos en rituales aciagos.
Cotidianeidad bien suministrada,
Ciencia de la rutina,
Propósito de desmesura.
Esos son los signos.

La inspiración viaja sobre lomos de espanto
Entre la frase imposible
Y unos labios que callan:
Distancia más corta entre dos palabras.

La Llegada

Y así aparece el Mesías,
Cuando el amor es más temible
Que verdadero,
Mas un recuerdo perezoso
Que su repetición más absoluta;
Mas soledad que angustia.

Quizás por ello,
Regreso a mi tácito cuaderno
Donde en vano ordeno valor y sentido,
Cifrando palabras de difícil consonancia,
Sobras de sentimientos huyendo del significado
Que las somete.
Es más verdadera la existencia, hoy.

Pero ni la noticia viciada e imprecisa
Ni esta lánguida rutina que oprime el sentimiento
Sucumben ante el empuje de mi pluma,
De esta voluntad,
De esta forma de libertad (no menos válida que otras).

Y existir es decir que existo
No menos que al sentir creamos el sentimiento.
La vida derramada en escritura,
Pues, mi existencia equivale exactamente a mi estilográfica.

En qué milenio de sombras
Sucumbir al hallar una certeza
¿Quién o qué la hará posible?
(Infiernos de orden lógico)

Pero siempre una elección
Presupone que otras tantas
No serán elegidas,
Sin Pathos teórico,
Sin límite preciso;
En fin: sin explicación.
¿Cuántas veces una ciudad se quedó esperando por ti?
¿Lo que dicen las palabras o lo que sugieren?
¿Lo que nos compromete o lo que nos importa?
¿La coherencia o nuestro propio interés?
Quizás: Contribuir al caos con más orden.

La Partida

Y si al preguntar nadie contesta,
Frunciendo el ceño,
Dos ojos de tristeza en la mirada
-sucederán milagros-
La suerte sucederá como un despropósito incomparable.

"Ser otro, distinto, cualquiera",
Será la única consigna.
Besar tu frente de azafranes
Que el rojo de la pasión oculta.

Saberme cierto
Quizás algo más noble
(No mejor que antes)
Y sabré, entonces,
Como los hechos carecen de importancia.

Un amor invertido
De tierna circunstancia
Digna aunque imprevisible,
Vendrá para nombrarme
(De nuevo saberse elegido)

En este horizonte plomizo,
(La herencia de Nietzsche tal vez
Descubra algún secreto silenciado)
Se anunciará Su llegada.
Ya otras voces lo hicieron.

Vendrá el Mesías,
Traerá su mensaje tatuado en la espalda
Y el dolor en el rostro
De palabras nuevas
Que rara vez fueron ciertas.
Vendrá como los niños de la circuncisión,
Repleto de verdades.

Las manos vacías y blancas para el olvido.
Y si al llegar tu nombre no recuerda
Ofrécele igual tu santo y seña.
Levanta la garganta mirando hacia las estrellas,
Ahora que el mar aún recuerda la bendita forma
Del paso de los amantes sobre al arena.

Tu ígnea soledad te desazona y te destroza
Mientras se retrotrae sobre el silencio.
Y cuando llegue el Mesías
Levanta la garganta (ya lo dije antes)
Mirando al firmamento,
Los ojos prendidos del horizonte
Y el corazón abierto al devenir.

Pues Él sabrá decir tu nombre
Con perfección imposible y su mirada
Sin mácula te absorberá con la fuerza
De un sortilegio.

No tiembles entonces
Y acoge su llegada con tino
Pues la tuya (tras la de Él),
Será certeza más que agonía,
Sentido más que verdad:
Amor en desmesura.
Trompetas no anunciarán su signo
Ni su ominoso pasado.
Ni ramas de olivo,
Ni gentes que se agolpen precisará.
Te verás en sus brazos
Como llevado por un ángel
En un insomnio sin noche
(Victoria de Samotracia de álgidas alas).

Sus manos ásperas y verdaderas
Te acariciarán despacio cubriendo las heridas
Más recientes.
Sus brazos te acogerán en un abrazo de fuerza.
De puro deseo te bendecirá.
Y será su nombre el de aquellos ofendidos por la realidad.

Una ruptura.
Una demolición razonable precederá su llegada:
El signo de nuestro tiempo.
Un sustento su palabra,
(Raíz de la tuya)

Un nuevo aliento.

Y su llanto será bendición perfecta,
Efecto de sentido;
O golpe de lucidez que te devore.

Y serás un advenedizo más
Tocado por su rayo.
Los vidrios soleados
Quebrados por el ocaso,
Te verán marchar
Después de su regreso.

Al igual que tú,
El aire viciado que somos
Se mezclará con la vida
Al recordar cómo fue su llegada.
(Por fin escrita antes de que suceda).
Y si el sonido de este salmo
Te produce un extraño estupor
Entre guiños te invita también al engaño.
(La fabulación es el opio del escritor).

"El Mesías sucederá en un instante
          Para que tú seas cierto por siempre"

La Ciudad de los Prodigios

El tiempo es el pasado, ¿correcto?
El tiempo es el futuro y el tiempo es el presente:
Todo ciclo es tiempo

Krishnamurti

Nada mas verte pensé: -se ha equivocado-
Pero no fue tal la dicha.
Pude verte feliz y despojado
En una derrota parecida a un final sin salida.

Luego,
Cuando la luz del alba dibuja pétreas perspectivas
En la imaginación,
Cuando la memoria se parece más a una senda
Inabarcable,
A la ruta sin plano,
La isla sin tesoro,
A un rezo sin fe,
Allí estabas tú en forma de recuerdo.

El tiempo se encargó del resto:
Ordenar el despojo,
Atinar lágrimas derramadas,
Limar el aguijón del odio.
Todo será mejor después de que hayas llorado,
Pero no antes -pensé-

De la ciudad de los prodigios
Las hadas de la infancia nos llevarán de nuevo
Al patio del recreo.
Los juegos olvidados serán reglas y normas sagradas
Que jamás deberemos olvidar.

Ojalá el odio no duela más
Ni la infancia fría y lejana,
Ni el futuro incierto y temeroso,
Siembren semillas al dolor.

La Ecuación y el Hombre

Del Ícaro de la infancia
La perla que fue y hoy añoramos,
La lengua de la mariposa moribunda,
La caja con cromos repetidos,
Los sábados de sol en la piscina
Sentados al borde de momentos calurosos.
Panorama mezclado en la memoria
De una infancia llena de áspera ternura
Se repinte.

Somos el resultado exacto
Producto de nosotros mismos,
No más.
Sin acierto a veces, llenos de luz otras tantas.
Frente el espejo cóncavo hecho pasado
Hacemos el recuento a lo imposible.
La memoria se encarga de elegir el rastro preferido
Recreado y tenaz que nos maltrata.

Un ángel pasó cercado por el son de sinuosas
Alas, de sabia confusión;
De voces que traen y nombran quien fuimos
Que juzgan y saben matar.
Deja de llorar y cierra la cicatriz...

Sigues en tu brecha tenaz, otra vez solo (mas no en soledad)
Sin rumbo fijo preparas tu futuro para el nuevo hombre que eres.

Lámpara de Luz

Ahora que te observo en silencio,
Que tengo mi luz en agonía,
Retomo calles,
Pronuncio nombres de efebos,
Me adormezco en la infinita ponzoña del recuerdo.
Mi mente es amplia,
Como lo son las espaldas de aquel
Muchacho transeúnte que ignora mi libido.
Le saludo en la mente
Mientras su belleza indolente,
Enciende mi idolatría.

Paisajes abandonados que sólo verán
Los poetas o los locos,
Quizás algún niño, también.
Todas las soledades acaso se parecen,
Son el reflejo de un alma ahogada.
De igual manera que al leer
Intuimos que no estamos solos,
Amamos para salvarnos de la locura
Que supone la soledad, y de la noche
Oscura de las almas.

No somos quien creímos ser.
Sólo somos aquel que nos gustaría ser,
Aquel que somos capaces de habitar
A través de los deseos,
Del uso de los placeres.
La creación ya no basta.
La realidad se basta a si misma,
Se basta a sus fines y propósitos.

Tan sólo a mi me bastarían tus abrazos
Pues son el resultado del amor
Y están hechos de fuerza y acaso de luz...
O quizás me baste también,
La perpendicular de tu sexo,
Tan sólo un movimiento suyo
Es un epicentro que modifica el
Mundo, ese mundo de deseos
Que nos habita.

Ansia mía,
Te llevo dormida en mis atrios
Pues vale más un día de olvido por ti
Que mil noches sin tu abrazo.

De tu boca a la mía
De mi cuerpo al tuyo
Tan sólo la frágil línea recta,
El deseo invertido
Que nos unió
En un matrimonio hecho de silencio, solamente.

Mensaje en la Botella

Escribir nos salva,
Nos reconforta pero nos enfrenta
A las miasmas de sentimiento:
Es dolor que regenera.

El arrecife de la poesía
Es insondable y cuenta con el riesgo
De la mejor agonía
Y el beneplácito de sus esponsales,
Sus hijos advenedizos.

Merece la pena este
Naufragio en sus orillas,
Cuando es oscuro en el alma
Y el corazón adolece en soledad
Una ausencia.

Quizás alguien se salve
Antes de perderse para siempre
En un horizonte de sintaxis,
Entre metáforas ingeniosas
O imágenes origen de la pasión.

Quizás alguien al otro lado,
Más allá del naufragio
Encuentre el mensaje en la botella
Que somos.

Milenio o el Arte de la Desesperanza

Vinimos llevados por la brisa
Con suave rumor de letanía.
En piel y cuerpo formados,
Se dirán de nosotros
Palabras que no fueron ciertas.
Conocerán,
En santo porvenir,
El límite perfecto de la agonía
(Miel de inocencia)
Y serán ciertas
Palabras de Cristo y Lucrecio:
-Pues hubo un instante en la historia,
En medio del abismo, en que el hombre anduvo solo-

En aquel único instante,
Variedad Ciorana de nuestro vacío,
Inicio de este devenir sin llanto;
Nacimos al desamor.

Y el desorden y la desconfianza
Reconstruyen la realidad
Ahora invertida
Bajo el gris plomizo de un cielo sin ángeles...
En deuda con nuestro origen,
Por siempre recuperado a través de un mito que ya no es nuestro.
(Olimpos imposibles...)

Miel en los labios y fuego en la mirada.
La memoria está prendida del pasado,
Inquieta frente un futuro de agujas.
Nunca más, aleccionadora.
De allí trajimos verdades como puños
Que no servirán...

Útiles para este declive sin noche.
Pues no hay noche que aguante sin madrugada
Ni madrugada o amanecer sin abrazo.
Necesidad de la carne en impoluto pecado.
Inmersos en hipnótica fantasmagoría
(Pandemia de este fin de siglo) seremos:
Kurós sin esperanza,
Korés que no engendrarán
Hombres al fin y al cabo, sin promesa.
Y ya nunca se dirá el hombre a sí mismo hombre,
Ni todos los por qué serán antes respuesta.
¿A qué este tácito preguntar?
¿A qué este arte del disimulo?
La nueva bendición será generosamente

Bien repartida bajo la más absoluta clandestinidad.
En la indigencia del origen,
En las noches sin sueño de nuestra historia,
Cuando las ciudades no duerman por ser hervidero
Repleto de espantos;
Nos abriremos al sentido, trémulo y doloroso de nuestro único porvenir:
El llanto.

Hoy canto a las conciencias únicas de extraña lucidez,
A las miradas solitarias aunque audaces.
Excluidos del orden de la lógica,
La poética se gesta y perpetúa gracias a vosotros.
En el tiempo del que hablo
Ya nadie recuerda una canción
Apenas algún nombre que pronunciar (no sin estupor)
Tan sólo un apenas, una nada, tan sólo.
La llegada y la partida comparten secretamente algo en común:
Ambas conforman un límite.

Tensión simbólica de nuestra egolatría,
Horizonte siniestro de nuestra existencia,
Infierno de nuestras obsesiones...
Ante estos versos cifrados, acuerdo tácito, puro acto de comunicación;
Confieso que son efecto del desencanto
No menos que de su contraria, la ilusión.

Tienen pues autonomía,
Piden ser escuchados con cariño
Pues no están faltos de ontología.
Buscan, como tú y como yo, campos donde reposar
Hombros donde dormitar
Bocas de las que beber con júbilo,
El hastío de lo eterno.

Mil años nuevos para el progreso o la disolución definitiva,
Quizás para la luz...
Luz de un milenio que empieza.
Mil años para la soledad siempre legendaria y aleccionadora.
Mil años para el progreso, para el litigio de las ideas que incorporan un caos.
Y vendrán las mismas cosas pero serán otros los signos.
Nuestro devenir aumentado por una visión digna del Apocalipsis
No exigirá víctimas recientes,
Ni demiurgos de un sólo uso.
Quizás acaso, cierta ironía de ángel Bottichelliano.
Apocalíptica aunque bien distribuida,
La nueva realidad, fin o principio del milenio,
Anunciará:
-No existe promesa de redención
Pues no plantaron la semilla-

Paradoja y Yo

El frenesí inerte de la vida
Me lleva por lugares recónditos,
Me obliga a prescindir del cuerpo
Y de su vástago...

La desnudez del cuerpo
Muestra un alma de secretos
Acaso inconfesables.
Pulmón de la existencia
Testimonio en vida
Que se retrotrae
Que va inventando un pasado
De antiguas auroras
Por un amanecer de besos recientes.

Si la desnudez del cuerpo muestra un alma,
El alma prendida del intelecto;
Descansa sobre las dunas del inconsciente:
Topografía infatigable del deseo.
No voy a ser subjetivo...
El cansancio de ser siempre alguien
Abre brechas cuya razón
El corazón desconoce.

Y el pensamiento que se aleja,
Ajeno a ti
Ajeno a mí
Y que a veces se derrama en una escritura larga
Y dolorosa parecida a un poema,
Se precipita sin medida.

Y así expresa,
Jirones de vida que afloran en forma de frase
Y palabra (aunque no estoy seguro si también
En forma de lenguaje).

Hoy soy aquel que escribe,
No el autor, no el niño
O el personaje de esta vida y de este sueño;
Sino aquél al que busco,
Con el que duermo en mis noches indemnes
Cuando el cuerpo es frágil.

Manchado de deseos y de luces también,
Me reflejo en las ponzoñas más hermosas,
Perduro en la mirada que permite
Un incondicional sin dueño.

Poetas Neo-maricas

A Iván Silén, poeta de la alteridad.
A su obra que flota misteriosamente sobre nuestras cabezas.

Olvídate de quien eres y lo que viniste a buscar. De nada sirven aquí tus astucias. Estás vencido antes de llegar. Son las 12:45 p.m. Tu reloj se paró. Pudiste decir si o pudiste decir no, mas eso ahora no importa. Has venido para ser vencido, para ser venerado, para ser abusado. A eso viniste, tú y los tuyos, que no al cerco o al viento; no sólo al amor o a las tinieblas. Vinisteis para luego huir hacia vuestras vidas. (Tú y tu chavalito, los dos como gélidos adonis, ungidos en sendos yoes omnipotentes de hermosura infinita aunque ignorantes de la vida).

¿Sois poetas o sois efebos? Enseñad vuestros músculos, vuestras piernas de mármol, vuestras bocas de amianto. Labios y piernas, brazos de inédita perfección os decoran. No hay miedo y no hay espanto. El deseo se consume como vaso de agua: tan sólo cuando hay sed.

Sois por ello, poetas, poetas neo-maricas; llenos de amor y por tanto llenos de odio y oscuridad. Vuestra luz procede de vuestras tinieblas, de vuestra belleza advenediza y algo enferma. He pedido una soledad que no me afecte, que me aísle de vosotros -poetas atormentados y locos-asesinos de la belleza y por ello, origen de tanto espanto. Antes, hace ya bastante, dejé mi bondad para los falsos convictos. Ahora, miro el firmamento ileso y puro y me reconforto en los bordillos de las aceras, miro las ratas pasar rápidas como mentiras. Oigo el rumor del mundo que me habla en un lenguaje extraño que, por otro lado, debería conocer y no quiero conocer.

No quiero hablar ese idioma siniestro de nuestra modernidad. No quiero sortilegios, no quiero la fama, ni el hambre de la insatisfacción, ni lujos decorosos en vitrinas navideñas. No quiero más que el amor de los que en verdad me amaron, de quienes me besaron con júbilo y de aquellos que ofrecieron su cuerpo como un santuario encendido. A ellos, poetas neoclásicos, neo-modernos, neófitos de amor debo, al fin y al cabo, mi alma y si cabe; la salvación de mi alma. Ya no puedo, ni debo aguantar mi frente por más tiempo, tengo que deciros que mi poema os destruirá por siempre. Ya nunca nadie os dará de comer palabras en la palma de la mano, ni besos, ni miradas; ni tan sólo aquella extraña manía vuestra de beber pipermín en vaso ancho, con mucho hielo (tan sólo por el color del hielo mezclado con el verde esperanza).

Algo triste emerge en esta carta que no es poesía, no es lírica; sólo texto derramado. Imposible transcribirlo de otra forma. Texto vengativo y trémulo que rebosa sinceridad y aspereza. Tengo que deciros antes de que desaparezca que no os odié lo suficiente, no tanto como para no dedicaros estas torpes líneas (maestras por otro lado) como puños cerrados que os sabrán a savia y veneno advenedizos.

Bebed, bebed en anchos vasos ese pipermín que con seguridad os evade del mundo. Seguid anclados en la rutina, poetas, neo-maricas; vivid en los cuartos oscuros de vuestras almas. No salgáis más que para comprobar que el sol aún existe a pesar de vuestras blasfemas y amaneradas mentiras.

El mundo no cuenta para vosotros, no os debe nada. No paga peaje. La existencia es pasajera, cruenta y a veces, sólo a veces; excelente y digna.

Bebed en anchos vasos el líquido verde de vuestra única esperanza, el pipermín que os matará de pura vulgaridad y rutina. Seguid anclados en la mediocridad, poetas del silencio y la mendicidad, poetas de la nada y la rutina mal pagada. Indignos de las palabras que abarrotan bibliotecas, sois la holografía del mundo.

Quizás yo me sume a vosotros, sin más.

Puente de Niebla

A la tristeza que nos hace fuertes

El dolor de hoy manso en su carril cotidiano
No vale más que el de cualquiera.
Ni cualquiera valdría más allí, donde está, lejano.

Con lenta osadía,
Alumbrar un alba misteriosa con luz de pena que te niebla,
Sentir como tú no sólo eres tú sino cualquiera.
Con inusitada cobardía:

Morir sin antes haber llegado
Es llegar al final más esperado.

Rayo al Porvenir

No sé explicar aquel abrazo que no llega.
El silencio pronuncia nombres
Que el corazón desconoce.
Hace ya mucho que te fuiste...

Pasos lentos de arena.
Arena en lenta letanía.
Ni playas, ni palabras precisa tu leyenda,
Acaso, apenas un río de ilusión donde
Ahogar la tristeza.

Rayo al porvenir,
Mirando las estrellas
Una noche cualquiera, un cielo cualquiera...
Una garganta gastada de llamarte,
Garganta de luz, que rompe gritos y agonías.
Tan sólo del dolor surge la verdad.

Lo inexplicable es lento y sencillo.

Reflexiones y Tentaciones

Todas las cosas fingidas caen como
Flores marchitas, porque ninguna
Simulación puede durar largo tiempo.

Cicerón

Oigo el rumor del mundo atravesar mi ventana.
Afuera todavía pasa la vida
Ruge el destino
Urde su tela la araña.
Todavía hoy la esperanza es la suerte de no saberse,
No encontrarse;
No reconocerse en la pétrea mirada...
Hay días en que no quiero saber quién soy.
Esos momentos transcurren a costa
De un exceso de conciencia, mañana.

¡Mis pequeñas expresiones!
Son como gotas de ontológica esperanza.
El arte de desdecirse,
De duplicarse o de sumergirse en la soledad
Más absoluta.

Edificar el mundo a mi pesar.
Pensar el sentido de aquello que es pura quimera,
No es un trastorno reciente.
Siempre anduve en las nubes bajo un aspecto de
Lince encantador.

Me interesa lo caduco por venir,
Aquello que vaticina su triunfo.
Me seduce saberme en los andamios de pensamiento;
Tejiendo y descifrando las urdes del significado.
No por ello -y sí a mi pesar- la lírica se escapa
Entre mis manos...

Toda reflexión es propia de idiotas (dirán algunos)
Dejémosles todo, hablar de dinero también...
De sexo o de soledad, por siempre mediatizados.
Lo caduco por venir no debe asustarnos; pues sólo las cosas serán
Lo mismo fingiendo ser lo otro.

Relato Breve

Del relato breve de las horas
Tomo la noción de un tiempo
Que se parece a una eternidad enfermiza.
De lo efímero del tiempo
Una intuición amarilla
Me avisa de un porvenir
Que aún tardará en llegar.
No insistir en los momentos,
Con paso lento,
Saberse todavía sin erudición.

Así, usando el aguijón de la palabra,
Violentar el sentido condensado en un verbo,
Asistir a un parto sin noche,
Olvidar aquel que un día fuimos, punta y veneno sin rostro.
Asistir al relato breve de las horas.

Señor de lo Imposible
(Carta a Dios)

Señor mío, Tú que eres luz en las tinieblas, que sabes del sufrimiento y del dolor propio y ajeno, que te miras en todos los espejos, que de todo te sirves y te sirven en todo; pues todo y Tú se dirán siempre igual. Mi amado Señor, Tú que estás y que no estás, que lloras y que ries (a veces a carcajadas en liturgia) que amas en el despropósito y eres amor propio y ajeno. Que de todo sabes, pues estás donde nadie se aventura y escondes aquello que el hombre pretende.

Eres más verdadero que cualquier mentira pues te nutres de la misma vacuidad (que no de la nada) en el amor, en el vacío, en lo inmenso. Allí Tú sufres y nos sufres y nos das y robas el sentido que tanto buscamos y estás en todos y en nadie. El Dios de las bendiciones y el del castigo, para otros pura fe; por siempre irreverente y benigno, codicioso, juguetón, divino en la indiferencia y maravillosamente cara y cruz de nuestra pena... Me nutro en tu misterio, del mío propio y Tú, bendito Dios del amor, rostro que besa sin ser visto; me precisas tanto como yo a Ti. El amor que te di y el que te daré está en todos los misterios cuando estos son y no son a la vez, luz de tu pena y pena de tu gloria.

Dame el cuerpo que luego beberé, dame el pecado y la virtud que te conforman (que me conforman a mí y a este prójimo que te aclama sin verte y que te ve sin conocerte). Dios imposible, mas lleno de posibilidades, hecho de juicios, de miedos y de calendarios en promesa. Dios sólo de Ti mismo... y de nadie. En la contradicción que te aclama me pareció ver algo parecido a ti, cuando llorando me arrojé en brazos de un dolor inesperado y no pude asir tu mano que ignoró el dolor de mi caída... Simplemente te quiero por el amor que me das sin pretenderlo, por ello Dios de Dioses, lugar y vacío, ruta y sendero de luz: ¿Sabes Tú quine soy?

Cada vez que me levanto desde el inquieto abismo de mi alma me miras y me bendices con risas que buscan lágrimas y luego niegas y rehulles y te giras y te duermes sólo por el placer de oír nuestros rezos. ¿Alguien nos dijo que siendo tus hijos seríamos huérfanos en la eternidad?

Alguien responde desde todas partes vendiendo el plano de tu misterio, y te unge con diccionarios en pesadas metafísicas y ásperos tratados que te pretenden... Y entonces, mi Dios, miré hacia adentro con torpe osadía de hombrecito, roto y bendecido de pura humanidad, de puro aliento, de puro miedo... Dejé de llorar y te miré fijamente, sólo entonces regresé al lugar de las gentes humildes mas nunca contaré lo que vi.

Elogio del Lado Oscuro

Soliloquio

Tiene Occidente un declive sin noche
Digno de su pasado.

Y yo añado:
Si el astuto filósofo -aquel de ciorana malicia-
Se oculta detrás de las palabras
Y las usa como arma arrojadiza,
¿No será acaso que secretamente,
Al hacerlo; sienta un extraño placer?

Sí,
Así pude saberlo aquella tarde sin esperanza
Tarde de aceras solitarias y asfaltos grises en adoquines
Cuando paseaba ausente
Un cuerpo sin voluntad.
¿Y si un tal declive nos espera
Será quizás para que un inicio semejante acontezca?

Que un igual nacer nos ayude
Grande y majestuoso
Allí a donde vamos.

Santiago Calleja Arrabal

II

LATITUDES

A quienes han puesto en mi boca sus palabras.
A la esperanza.

En, El Imposible Olvido, 2001
Antonio Gala

Barcino

Comienzo,
Cada hoja del cuaderno
Que abraza pensamientos
Y olvida recuerdos.

Explicar solamente
Aquello por lo que soy yo mismo.
Tan sólo el deseo de atender a lo que importa
Me conmueve.

Vista, oído, voz o tacto,
Un susurro junto a mi boca,
Una palabra apenas pronunciada...
La vida comienza cada día
Por el mismo lugar.

Ojos que observan la vida,
O la vida que existe para un sólo ojo
Que observa.

La ciudad,
Nocturna y elegante
Cansada ya de asfaltos
Y pasos de vida,
Me parece aún más bella.

Vestida con neones y semáforos,
Corona de multitudes te desdice.
Las calles,
manchadas por el paso de ciudadanos y turistas.

Vivimos dentro de ti
Como se viven sin saberlo; los sueños…
¡No sé cómo debo quererte¡
Ciudad incendiada por el sol,
Gastada por el uso de tus comercios
Y el trasiego de lo cotidiano.

Ni una plegaria por ti.
Ni una canción precisas.
Ni gratitud, ni ausencia.
Sólo gritar tu nombre
En cada esquina.

Nosotros no te conocemos
Tan sólo te habitamos.

Dádiva

> *Nunca el ayer del hombre será igual al mañana.*
> *Nada nos permanece fiel mas que la mudanza.*
>
> Juan Ramón Jiménez

Cuando tengas un minuto
Regálame un minuto de tu alma.
Cuando una hora te sobre,
Regálame la eternidad en tu mirada.
Sin tiempo el amor no vale nada,
Ni beso,
Ni abrazo,
Ni un alma reclama.

Mas cuando el tiempo te sobre
Me lo dirán tus ojos
Como espejos o crisoles de rítmica mirada.
Nada vale más la pena que este esperar pausado,
Sereno,
Cansado,
De amor dilatado.

Falto de pasión talvez,
Mas nunca ausente de miradas.
La libertad se dice de muchas maneras.
El tiempo, como el amor en su fronda,
Sólo sabe de esperas y aceras largas.
¿Caminas tú hacia el amor?
-No, es él quien acude a mi llegada-
Impuntual (como siempre), inesperado y por supuesto,
Reclamando almas.

Dejemos Hablar al Tiempo

Deja que el amanecer te encuentre apenas dormido.
Mi hombro junto a tu hombro.
Nuestras miradas se igualan en el horizonte plomizo del deseo.
Que tu aliento colme mi alma de callados secretos entonces.
Antes del alba, cuando es tiempo de confesos secretos:
        -te quiero, me dijiste al oído-
El amor se consume a sorbos lentos, como el buen vino añejo.
A lo lejos te veo marchar… hipnotizado, quizás en sueños.
Hasta cuando el azar nos devuelva nuestros cuerpos de nuevo,
En rutina de perfecto amor.
Diremos no, o diremos talvez; sí.
        Mejor no digamos nada: dejemos hablar al tiempo.

Duelo por Federico

A Federico García Lorca

La muerte no quiso ser asesina
El campanario temió su profundo plañir:
!Mataron a Federico¡

Un fusil, una bala y el odio
De quien temía.

No pudieron con tu genio
Tus palabras de elefante,
Tu rostro de luna llena
Y tu mirar de duende.

Toda la verdad del mundo
En forma de labios y boca
Y esa frente amplia;
Rota de sinceridad.

Cuentan que una paloma
Reconoce a diario la luz de tus canciones
Por el aire de Granada,
Y que un eterno camarada te sigue velando
Como tierno leopardo.

Los toros del agua llenos de agujeros blancos,
Los caballos, los gitanos o los negros,
Todos tus personajes Federico;
Cantan aún por ti
Mientras descansa tu genio dorado.

Hay un diario lleno de esperanzas y azahares,
De espigas de los campos del amor
Y un reloj que agoniza para todos por igual;
Anunciando la verdad del tiempo
Y de quien teme el efímero paso de la vida.

El Paso del Dolor ha de Encontrarnos

Dejemos hablar al pasado si paga su peaje.
Cada ciudad es una excusa.
Cada pueblo un cementerio.
Cada lugar,
Un océano de predilectos pensamientos lanzados al capricho del viento.
Todo acontecer se parece a una espera,
A miles de esperas.

El ditirambo del viento mezclado con el miedo, sabe a sal y a
tiempo.
Al azul de luz entre tus muslos y miedo entre tus axilas que transpiran
encanto.
Romper los cimientos de nuestro encuentro,
De puro querernos, de tanto deseo.
El azar y el viento se mezclan al fin, y obedecen a una bendición
infinita hecha abrazo.
Dame tiempo para contarlo,
Tiempo para amarlo (tiempo para negarlo)
Para darnos aquello que ni siquiera podríamos pronunciar.

Yo no sé quién eres, pero siento lo que en mi provocas.
Tú no sabes quién soy mientras temes con esmero
aquello que mereces.
(Viniste del más allá a romper mi vida, a ofrecerme frío y piel de amor y
terror en desesperanza.)
No merecerlo,
No tenerlo,
No trasmutar mi ocaso en tu noche, ni mi encanto
en tu celo.

Mi tiempo en tu luz es el cáliz que el amor nos regala.
Nuestros abrazos son de tiempo no menos que de viento.
Y nuestro afán de fieltro,
Se mezcla con la esperanza
En este bolero, lento de luz y miedo
(De mentiras entrelazas y dulce menosprecio)

Tardaste en llegar lo que la siembra al tiempo,
La lluvia al cerco.

Fina Estampa

A Caetano Veloso

Fui el elegido de Zeus que soñó tu boca.
Te soñé esta y otras tantas noches innobles
Y desde las montañas de Corcovado
Hasta la costa azul de Bahía
Busqué tu sombra celeste
Repleta de perspectivas.

La primera vez,
En la que hubiera perdido mi luz;
!Oh selva agreste de tu foresta¡
Me faltó la tímida caricia
De tu antigua aurora,
El aliento de aquel primer enamorado,
Adán de carne
Que muriera en tus brazos.

Anduve todos tus ríos
Mas no te vi.
Buscando sin conocerte
Hablé por ti en lengua guaraní,
Mas una voz de claro acento
Me robo el alma.

Luego, fui testigo de tu nacimiento,
En la selva esmeralda de tu noche;
Y ahora, amor Brasil;
Alzo la voz contra el tapiz de tu pecho
Y en favor de tu misterio en azabache:
¿Qué ninfa te dio la luz
Que ahora me arrebatas?

Brasil,
Vistes de ríos tus noches
Temblando por tu foresta,
A punto de hundirme en tu frente de amor:
Dime el dulce secreto de tu aurora más reciente
O el nombre perfecto de todos tus ríos.

El rumor que gimen tus montañas al despertar,
O el hambre de luz que comen tus niños.
Brasil, lucha de miedo en mi frente.
Amor Brasil...

Esta ausencia que me habla de ti,
Cuenta que la edad de urogallo anda cercana
Por el límite perfecto de tu ecuador.
Mi pecho, luz y agonía;
Gime en silencio la ausencia que ahora sostiene.

Inland

En tiempos remotos, de forma inverosímil;
Cuando un rezo dista de la parábola más exacta:
Su representación cósmica.

A través de esta distancia
De altas colinas y fríos inviernos
Acontece todo aquello que por venir
Aún hoy desconozco.

Sigo raudo y atento al rumor de la vida.
Me filtro por entre las ramas nevadas de la imaginación
Jugando a ser el niño que nunca fui.

Y me filtro por entre las piedras del camino
Que no es llanura silenciosa sino dádiva.
El lugar del recuerdo es siempre árduo
Porque representa lo que fuimos.

Me filtro por entre los horizontes,
Bajo las aguas de los lagos sin nombre
Que escribiera Maria Zambrano, o mejor aún,
Ana María Matute...

Me confundo con océanos o ciénagas
Que son barrizales o pantanos de la fantasía
Ahogado por traiciones de venas recientes.

Pues soy el soplo de vida
Que regaló el ser a este cuerpo humilde
Sin gran envergadura; cansado ya

Del yugo que lo sujeta.
Soy el soplo de vida
Que le falta al difunto.
El acierto del idiota
En su día de suerte.
La dulce risa escapada
Entre blancos dientes
De amantes que no se besarán.

Soy lo incondicional
Que subyace en forma de deseo.
Y me llamaron suerte o fortuna,
Tragedia, azar y coincidencia;
Probabilidad entre un millón
O destino.

Y creyeron que era reducible a cálculo.
El producto de una raíz cuadrada,
O la tabla rasa de la memoria,
(Tabernáculo encendido).
El listado de los aniversarios
De la Humanidad.

Y en la teoría se alejaban de mí con más fuerza.
Allí, me perdían para siempre.
En el silencio estuve más cerca de ellos
De lo que nunca hubiera estado.

En la musicalidad de la ternura
O en el campo de batalla donde
Lo micro y lo macro apenas se distinguen.

Y me definieron en extrañas alquimias
En el marco de ciencias milenarias
Proyectos que llamaron globos sonda,
NASA de ciencias inventadas.

Yo me alejaba cada vez.
Por que ya lo dijo el filósofo,
Uno al que llamaron Aristóteles:

La naturaleza gusta de ocultarse.

Infinito Particular

Oigo tu voz como un temblor remoto
Y mi alma se templa cual pulso imposible
Al vislumbrar la sobra de tu azar.

Sólo tú, solamente en soledad viniste.
Elocuente y siniestro, retuerces mi suerte
De mero mortal con el ímpetu de tu miseria,
De tu ingenio y de tu torpe idolatría.

No persigas más este tiempo, tibio, cruel, fugaz.
Y no es en la vida donde se curten los sueños,
Sino en el mar de tu amor
O en la isla sin tesoro de tu aurora.

Duele tu ausencia aún cuando todavía no te has marchado
Cuando todavía es demasiado pronto para olvidar
Cuando pensar duele
Y sentir, dignifica.

Tú eres aquél que yo esperaba una tarde aciaga
Tú, infinito personal, sin tiempo y sin nombre;
Apenas me nombras y se quiebra mi luz.
La noche que tiembla en tu pecho.
El sol que emana de entre tus muslos
Y tu voz como susurro de ronco suspiro,
Arañan mis esperanzas y ofrecen caprichos recientes
A la memoria.

Sé que un día tú te irás.
Tú, mi infinito personal,
Mi ladrón de tiempo, mi paño de lágrimas
La miel más deseada.
Fortaleces todos mis resortes con el fulgor de tus promesas
Sin apenas pronunciar una palabra,
Resumes en mí un mundo de azares.
Mientras esperas que te crea,
Que juzgue tu destino,
Que desvele tus promesas.

En el amor nadie se salva
Mas todo se consume con empeño.

Nadie cruza tu sueño todavía,
Nadie habita en tu espalda de amplios abrazos
Nadie sino yo, templado, huidizo, constante,
Y continúo mi viaje a través de ti y tu a través de mí, más allá del mar y la
rutina;
Los días que nos miran sonrientes
La muerte saca brillo a su guadaña
Al saber que un día suyo será el triunfo.

El amor infinito que te tengo se templa y se empaña en lágrimas
No menos que en alegrías.
Infinito particular,
Ese que representas.

Tú eres ese infinito mío; tan particular.

La Sed de las Palabras

Es verdad que las palabras solas están en sed
Y mueren huérfanas de olvido.

Cada verso se parece a la ponzoña de un sueño
El mismo que va haciendo posible
Mentira y realidad que se confunden.
La osadía de querer perdurar nos alimenta,
Nos deja la tiranía de un gesto,
Todo a un tiempo, sin remedio.

Transparencias que se parecen al deseo,
(Un anhelo quebradizo es la escritura)
Intuición inefable y procelosa
A su vez de olvidos inefables.

Orgías de pensamientos y palabras
Violentos de significados y de anhelos.
Horizontes sin duende,
Aromas sin cadencia,
Duna de dolor es la poesía:
Oficio de un porvenir inexplicable.

Y saberlo todo no todo lo resuelve ni lo ampara...
Hay que gritar que perdimos el rastro
Ya que no hay camino sin tormento que verter
En recipientes de palabras.

Los infiernos de la belleza
No son siempre musicales:
No rima la experiencia
Con la razón poderosa del corazón.

La herida que cesa de sangrar
Un llanto de generaciones eternas.
Y todas las noches de los tiempos,

Más allá todavía,
Donde residen los momentos grises
Y las larvas del sin sentido involuntario
Urden telas de araña metafísicas:

Un hombre pronuncia una palabra sola.
Levedad sumisa sublime de horizonte.

El oficio de vivir enseña y mortifica
Que doler no duele sobre los cuerpos.
Sobre las almas olas de duda,
Duelos de llanto por encontrar
Un horizonte lúcido y firme
Por una selva de significados contrapuestos.

Porque tildar el silencio,
Entonar cantos frente el espejo de la noche,
Mirar con intuición precisa, con canto permanente,
No caben aquí, rebota en el silencio.
Ciencia que no encuentra su objetivo:
Horizonte firme origen del silencio:

Sí, es verdad que las palabras solas
Están en sed
Y mueren huérfanas de olvido.

Poema Enajenado

Paisaje absorto de tu recuerdo.
Quien desconoce tus razones
Desmiente tu ambición.
Vinimos sólo a ver nuestros cuerpos gozosos
Y templamos bajo un cielo socarrado,
Un beso que un segundo duró.

No hay mañana en paraíso,
-No busques más, amigo-
Toda tierra y fortuna yacen en nuestra alcoba.
Todo amor y entrega en abrazo fundidos.
Abandonamos la infancia y la juventud,
A un desierto incierto al que llamamos pasión.

Todo pasar, todo fluir se equiparan al infinito en tu mirada
Nada más llegar supe de ti.
Tú, al saber de mi, negaste aquello que me era esquivo.
El enigma no faltó a la cita.

Ni las preguntas fueron testigo de nuestros besos.
Quién maneja dentro de tu almohada
Debería dormir su propio sueño.

Abandonados al destino,
Como todos los seres;
Emprendemos el vuelo sin saber
Cuando será el regreso.

No es por Casualidad *

Soy lo que soy y no es por casualidad que tenga el color del trigo en el verano, que sienta el corazón como una bendición que guarda mis anhelos para colmar de amor de fuego e ilusión a la persona que quiero.

Tengo el calor de una copa de vino, mitad señor, mitad correcaminos; como una estrella encendida sigo mi destino.

Bohemio entre los bohemios, con la mirada de un loco risueño, algo poeta y forjador de sueños; un vagabundo solitario al sol de su siembra.

No es por casualidad que yo sienta el amor de forma diferente, no es por casualidad que viva la pasión apasionadamente.

Ni tampoco que tú, lector, te asomes indeciso a estos reglones de temblor poético buscando quizás algún ansia perdida, el valor de la verdad o el sentido de la existencia.

Si en algo te sirvió lo celebro, si fue un fulgor lo que aquí te trajo o apenas un relámpago de indiferencia; de nada servirá la espera aunque si, la esperanza.

*Nota del autor: Poema anónimo versionado

Tierra de Nadie

Vivo en un mundo dominado por la mirada
Que además, no deja de sorprenderme,
Sigue siendo sede de las lágrimas.
Un mundo ficticio hecho de proyecciones y deseos
Que siendo falsos semejan ser verdaderos.

Mi mundo es sólo de varones.
Las mujeres son el espejo sobre el cual
Se proyecta la luz de mi raza.
Imagen devuelta de sí mismos
O disimulada al jugar a ser otro, distinto...

Allí, cuerpo y alma están juntos pues quien entrega un cuerpo
Entrega sin saberlo el deseo que abrazó.
Mi mundo se agota en sí mismo
Se consume en esperas e imágenes,
En fetiches que visten uniforme
Y gastan sonrisas y betún de áspera piel.

Otras veces irrumpe en escenas inexplicables:
Ocaso de lo proscrito.

No es mejor ni peor que otros que tu conoces.
Mi mundo es uno más,
Cualquiera,
Siempre cambiante:
Tierra de nadie.

Ocaso donde la ilusión
Y el vacío se encuentran.
Allí, la mujer es un silencio
Que el hombre representa,
Usurpando bajo una luz opaca,
Una sed milenaria.

Se juega a la representación del dolor y del deseo
No menos que al amor más verdadero.
El espacio de la representación,
Lugar ya nunca más vació
Del mundo de los de mi raza.

No lo miréis con recelo o acaso con asco,
Pues quizás un día también iréis a sus laderas
A beber, a saciar la sed del simbolismo de ser otro,
      Distinto;
         Cualquiera.

Elogio del Lado Oscuro

Santiago Calleja Arrabal

III

MEMORIA DEL FUEGO

*Nada vemos que antes
No hayamos conocido.*

En, Material Reservado, 2000
José Hierro

Açaí
(La Fruta)

"Açaí, es el nombre de una fruta
Y el de un pájaro" -dijiste-

Dime tú el nombre de las cosa ciertas,
Dímelo tú sin cesar de medirte en la mirada
Que el corazón ya no quiere cantar como antes lo hiciera,
Y ahora, en pos de un rumbo distinto,
Arropa ensueños y muda traiciones.
Dime tú de dónde viene esa gracia y esa mirada veladas,
Este sentir, fuerte, del corazón.
Un desván de recuerdos que se rompe con la sola imagen
De tu presencia.
Ser capaz de sentir otra vez,
Las formas del amor más rebelde y vehemente.
El Trópico como viejo conocido viene a cantarme ahora
Borrachos himnos soñolientos que despiertan mi deseo
Y me traen el sabor de un país hecho de piel y miel
Que apenas conocí.
Y digo: si el antojo está hecho de pequeños sapitos de deseo,
Si hay más verdad dentro de un segundo de fija mirada,
Si rozar tu mano equivale a la entrega más absoluta.
Dime tú, entonces, el nombre de las cosas imposibles,
Pero dímelo suave, como dos amantes en una playa desierta,
Cómo los ángeles del Decamerón, llevados por la inspiración de Dante,
O en la gloria de un poema que ahora se escribe.
(Y ese regalo hecho deseo dulce que me ofrecen tus ojos)
Dímelo tú y no me lo calles, jamás.
Sabemos cómo son las cosas imposibles
Pues existen dentro de una esfera de piel y cuerpo
Que nos obsesiona...
Nosotros somos el centro mismo de la verdead:
Nadie está autorizado a rechazar su destino, entonces.
Éste que me ofreces, pudiera ser el mío,
Aguacero de cinturas y nombres de lejana etimología,
Si yo me rindo y tú levantas mi frente,
Si después de muerto tú me devolvieses la vida...
Dime pues, el secreto que ambos sabemos.

(El Pájaro)

La calle sola,
La iglesia que da fin al recorrido,
La mesa y el hule de plástico,
La bebida que me ofreces con tu gracia
De cien unidades polares
Que me ofreces y me refresca,
Y ese azúcar en sed...
-Acaso sea algo más que la simple sed-
Tú andas y revoloteas en un ámbito que te es propicio
Y conoces tu triunfo pues fue escrito en la mirada de otros
Y al saberlo, te regocijas y vuelas alto y fuerte,
Ofreciendo gracia y quizás una parca laxitud.
Pues eres un reflejo en lucha contra ti mismo,
Un minuto que inunda mil mares
Una eternidad efímera.
Tú allí, en pie, atiendes a los clientes de la noche;
En una lejanía que quema e intriga...
Pues un cuerpo es un libro cerrado de borrachos deseos incumplidos.
Ofreces risas nuevas, naves que en tu propio mar cruzan el pensamiento:
Bucanero del amor,
Hálito de la pasión.
Zozobrar es ser cliente del local de tus sueños,
Un local que existe doblemente en la realidad
O en el corazón..., también.
Allí, allende, de donde tú viniste
El amor se consume con alegría y con gracia amarga.
De ese amor precivilizado viniste.
Trajiste todas las cartas de juego,
Todas las barajas, los catalejos, las redes y los mapas sin ruta,
Pues todo te sirve y todo te ayuda a ser luminoso y cierto.
Y es por ello este canto,
No con pasión solamente -lo contrario seria un agravio-,
Con enconada emoción y con intención de bendecir esta alquimia,
Rasgando el placer de los cuerpos y bendiciendo esta opaca felicidad,
Pues Dios está en éste local presente,
También, como lo está en las iglesias,
En la miseria más absoluta o en la dicha de los débiles.
Dios está, y tú no lo sabes, en mi forma de mirarte.

Amor Prohibido

Es difícil. Y es igual
Dolor y goce llevan al mismo sitio.

Luís Antonio de Villena

Hoy que vengo vencido traigo abierto el corazón,
Lleno de besos viejos y luz del cielo del desamor.
Hoy, noche de tango y tiento
De voz en borrachera
De aliento y mar del desamor
No digas tú,
Arropado por la jungla de mi abrazo,
Que este querer sin noche
Este ocaso de coptos suspiros
Esta piel o este futuro olvido
No son por ti...

Hoy vengo -pues ya antes me marché-
A negar con el alma el agravio del silencio,
Traigo perlas en los ojos
Y luz en la mirada
Para darte una libertad chiquita
Cargada con vientos del porvenir
Una libertad que no duela,
Que sea verdadera por ser digna.
Una felicidad pequeña y cómoda
Para un amor imposible:
        Este amor imposible.

Ángel Caído

Y se moría la voz en los labios...

Tu cintura de cicuta
Alivió la sed del pasado
Y vertió vida y sangre
Sobre la esperanza.
Yo no sabía de recuerdos.
No.
Supe de ti
Lo primero, lo efímero:
Un grito interior.
Más tarde,
Vi tu cuerpo
Y tu cara de ángel
Sobre el tapiz de mi almohada.
Sonerías a lo lejos
Al decir:

-He venido por ti
A batirme con la vida-

Y me besabas al hacerlo.
Pero tu alma de ángel
Ya habitaba en otro cuerpo.
Llegó vacía
Al límite del silencio.

Clandestina vida sin alma.
Misterio en tu metafísica sonrisa.
Vi la luna reflejarse en tu rostro
Y tus ojos
Mordían el tiempo.

Cómo Pudiste

A Jaime, en silencio

Cómo pudiste decir
Mi fiel amigo que un reflejo
No habita en el silencio.
Si un reflejo fue
Aquel que ya no somos,
¿Dónde si no morirán
Los besos que no dimos?
Cómo pudiste decir
Al son de horas gastadas
Que la tristeza no es tristeza
Pues el tiempo juega
En sus horas muertas con los restos
Del naufragio.

Cómo pudiste,
Si tu cuerpo de tangente atleta,
Tu semblante álgido y viril,
Desmienten tu esfuerzo por decir
Frases que aprendiste de memoria
En libros esquivos.

Y a mí me alcanzó
La dicha de valorar tus tesoros.
Todo tú, afirmación rotunda
De frases cuyo significado
Te está vedado
Por esos giros graciosos del cielo.
Todo tú, hecho de vigor
No menos que de dulzura
Desmientes en un fugaz segundo
Todas tus afirmaciones en ese gesto
Ausente y sin hechizo.

Cómo pudiste tú
Decir que Cristo ya no era Cristo
Que el cielo ya no era el cielo:
Que el amor está en otra parte
Y no aquí yaciendo a nuestro lado.

Cupido Mentiroso

A veces aún pienso
Que un mal sentimiento
Me cubre de dudas
Me rompe en silencio.
Hay veces que miento
Que tiemblo
Que muero por ser
Tu presencia
    Tu noche
        Tu presa...

No pienses por ello
Que soplo de vida
Que nube de sueños
Que luz de recuerdos;
Me alejan
    Me guardan
        Me rezan, sin ti...

Dame ese alma sin noche
Unas manos que mientan
Que rompan mi piel
Mi alma:
Inmensa meseta de tu presencia.
Dame luces o crisoles
Dame vidas nuevas o soles...
No noche sin día
No pena sin tu presencia.
    Dame sólo tu voz,
        Tez de tu ausencia.

Desencuentros

Al turista accidental que somos.
(Del alma)

De un duende sin patria
Obra de un artífice infinito
De infinita bondad y corporeidad.
Del lugar donde no alcance la memoria
Ni palabras sagradas olviden su salmo...
Del olvido más remoto llega este miedo
Que mis dedos despejan en su estúpido frenesí
Sobre el frío teclado del ordenador.
La suerte que a veces me visita
Se parece al fantasma que habita mi casa:
No llega porque siempre estuvo
No marcha porque allí también estará.
Esta suerte que todavía se parece a ti
Y sin embargo nada tiene que ver conmigo.
La tarea de andar por la vida me salvará,
Rara vez sin ilusión
Rara vez sin apariencia de ensueño,
Un sueño de vida que se consume infinitamente.
Y si ya nadie sueña
¿A qué esta espera hecha cómplice?

"Si alguien desea ser amado
Trabaje estar presente"

En la soledad recíproca
De las pupilas ácidas del prójimo
Habita el rastro de la vida que nos pertenece;
Geografía en la mirada mezclada
Con el litigio del deseo...
Somos el deseo del otro (sin más)
Y la vida pasa y cesa a cada instante
Entre los derroteros del pensamiento
O las sendas apenas abiertas en el alma,
Brechas insondables a las que llamar heridas.
Pido una felicidad de libres ausencias
De mínimas euforias,
Un dolor punzante que sea de otro orden.

Que no del origen de nuestras miserias.
... de mínimas euforias.
Un dolor punzante pero sin aguijón,
Una nueva pena que irrite y desanime
Pero con el beneplácito de la humanidad.
Un signo de instintos fatigados
Por el advenimiento de la realidad.

(Del cuerpo)

Tomo un cuerpo parecido al mío.
Beso un rostro desnudo que es pura desnudez.
Alguien acarició mi mano camino del hotel.
Un desconocido decide sin saberlo ser alguien más
En la prolongación de este alguien...
Esa figura cóncava reflejo azaroso de sí misma
Es el alma,
El resto, el cuerpo.
El sexo derramado alumbra nuevos espantos
Del apetito mientras el alma, pasajera e imposible,
Se rompe en desmayos que duran lo que un orgasmo.
Al día siguiente no recordé su nombre
Él tampoco el mío.
Vi mi cuerpo bendecido por el azar,
Virgen e impoluto por un exceso de pasión
Que no fue capaz de robarme el alma.
Apenas unas frases entrecortadas,
Las manos brindaron su elocuencia
De físico silencio mientras alguien ofrecía
Por nosotros una limpia soledad
Aquella noche apenas estrenada.
Sin ser frustración más que valentía
Se instala confortable dentro de mí.
Su presencia recuerda que
Otros que también pasaron
No llegaron a ser
Mas que en la senda del desencuentro.

Despertares

I. Prólogo solitario

Templada la mente
El ánimo calmado
La voluntad,
Flecha en el arco,
En atónito juego de lanzamiento.
El ánimo que impulsa la escritura
Siempre me intriga.
La intriga de un ánimo
Impulsado por la brisa...
Como si el impuso en sí mismo,
En su indómita custodia sobre el significado
Pudiera desplegar futuros poderes que ignoro
-que ignoras, lector-

Cabizbajo sobre el papel
Intuyo que autonarrar
No siempre es sinónimo
De obra poética.
Lo que falta para serlo,
Aquello que la configura como tal,
Es siempre un trámite no falto de misterio.
Quizás la paradoja sea el espejo
De los sentimientos,
Y el relato, tan sólo, un reflejo en lucha:
Lo que deseo decir,
Lo que puedo decir...
Y el hábito es el azar (a veces)
Dando cobijo cual dulce contradicción
A la esperanza,
A las palabras que se agolpan por salir
Abocadas a un futuro huérfano.

II. San Valentín

Templaba la noche una enorme luna.
Viento frío sobre la piedra sola.
Y nuestras manos eran un manuscrito
Cerrado sin caricias todavía por descubrir.
Quizás del mismo material calizo
Estén formados los sentimientos,
Como las rocas pisadas junto al mar,
En aquel primer febrero de San Valentín, nuestro.
Y pensé en aquellas rocas

Como homenajes al paso del tiempo,
Hecho de eternidad.

Tú, a mi lado
Oponiendo tu vida a la mía,
Oponiendo franqueza, también.
Pronto descubrimos
Mirando por antiguos catalejos
La luna nueva, nuevísima,
Vista por vez primera
En impoluta visión.
Dos locos la hacían posible
Dos almas nuevas, nuevísimas
Navegando por marismas y salitres
Olvidando las miasmas del mundo y los miedos
En aquel primer febrero de San Valentín.

Yo en tus inicios,
Tú en mi cenit -único inicio que conozco-
Luz que proyecta tu indómita juventud
Como ningún otro lo hiciera
Aquella primera, primerísima vez junto al mar.
Y me hablas del discurso
Que yo apenas recordaba
Del mito,
De la necesidad de autonarrarse
De una razón que sea acaso, sinrazón.

Y modificar una estrofa
No significa cambiar.
Porque besamos labios que ya fueron besados
Y dormimos en camas donde otros
También lo hicieron.
Amantes sin sueño
De carne sinuosa.
Olvidadas fantasías que me sobrecogen.
Quizás sea éste el origen de la belleza.
Reiterar hasta el final al decir
Como lo mismo sólo es lo mismo
Fingiendo ser lo otro.
Esta ley que tan duramente aprendí
Se repite cincelando mi futuro,
Aunque cercando el tuyo, también.

El Corazón del Otro

Conocen el camino. Esos corceles corren más rápido
De lo que pensamos, es nuestra vida la que cruzan
Y se llevan con ellos.

Allen Ginsberg

No incendies más el vuelo de la rosa olvidada,
Ni que falsas promesas te colmen.
No haya ofrendas de coptos suspiros,
Ni manantial en lágrimas
O arreboles de olvido.

Dame tu voz, sí;
Sólo tu voz en sangre.
Que la vida pase y en su olvido
Regale voces en flor:
Silencios en crepúsculo
Suspiros de leves lamentos
Charquitos de tristeza moribunda
Y nubes,
De cielos socarrados por la pasión.
Dame sólo tu cuerpo
Cual dominio
Cual poder
Y ese abrazo; tan solo hecho de fuerza
De belleza y destreza.

El amante nunca admite
Que su amado es superior a él
Pues allí, en la profusa admiración
Reside el poder del uno
Sobre el corazón del otro.

Silencio del Cuerpo

"A eso vine, a robarte el corazón"
-Dirás huidizo y trémulo
Y me robarás la vida dejando mi cuerpo inerte
Listo para alguna otra vida-

La Muerte

Diré que me beses
Al darte mi mano
Oiremos sonidos
Y también vendrán
Aquellos días de encuentro
Con los de mi especie.

Pediré tu nombre
Ungido por el miedo
Cantado desde la desesperanza,
Murmurado como lo son
Las palabras más ciertas.
Mas, vendrá una felicidad chiquita,
-Sin mucho alboroto-
Libre de ausencia
De blanca ilusión
Para arropar al triste corazón.

Quien me venga a recibir
Me hará feliz en la inocencia,
En el cuerpo que es luz,
En el silencio sin abrazo:
Firmemente feliz.

Los puños apretados
Por un llanto que no cesa,
Por un miedo conocido
Por un devenir que no acierta a pasar.

Cuando me visites,
-Señor de largo velo-
Notaré que es más leve tu ponzoña
O tu sueño de eterno camarada tan temido.
Y serás copla o canción; mas no muerte como dicen...
Traerás la noche a mi regazo
Para agrandar mi corazón:

-A ensancharte el corazón,
A eso vine,
A gritar vida sin decir muerte,
A zanjar un pacto de generaciones-

Nunca antes supe de ti
Nunca de ti se habló,
Tú, que no sabes de besos y abrazos.

Mi Gran Secreto

Si me hablas tú de la luz
Yo lo creeré.
Si al hablar
Por ti una aurora florece
Yo, por ti
La cuidaré.
Pero si por tu ausencia
Mi corazón se rompe en llanto
Tu luz será tiniebla
Tu voz,
Sordo ronquido hecho queja
Tu amor, lánguido o distante
Me traerá el sonido de notas
Impregnadas con tu acento.

O si el olvido más reciente
No sabrá recordar
El sabor de tus besos
No importa,
Yo haré por ti milagros hechos de vida
Y la vida hecha fantasía
Por ti
Por salvarme de esta agonía
De la distancia de no tenerte
Del desastre de no pode abrazarte;
Cuidaré este sordo recuerdo.

Y si digo que fue tu risa
La que movió montañas
O tus manos las que me trajeron

Esta queja de ahora
Esta tristeza de ahora,
No lo creerás.
Y serán queja o tristeza,
Onda en tu paso
Luz de tu mirada
En mi
Para siempre.
O tus ojos,
Dulces como las horas dulces
De miel que probara
Se romperán como sonidos
Quebradizos al amparo de la memoria.
(Pues así son los recuerdos:
Maletas hechas de memoria)

Y si es este secreto
Tan bien guardado
Sombra de lo que no será
Yo, por ti
Romperé la realizad,
Fijaré mi recuerdo en tu recuerdo
Tu piel en la mía
O tu voz
En mi corazón
Para así poder decir
En alto; como mi corazón
Te quiso,
Tan sólo un instante,
Breve como un suspiro.

Y tu mirar sombrío
Se hizo queja en la noche…
Ese mirar que hiela en el alma
Los pasos tímidos del corazón.

Ese mirar
Es mi gran secreto
        Que se escapa y se rompe
                A cada paso.

La Noche sin Alma

No importa que las luces queden encendidas,
Ya no somos visibles.

Abilio Estévez

(Claudicar aquella noche,
La menos esperada...)

Que un palacio de ángeles doctos en el amor
De cuerpos cincelados por el deseo,
-un deseo invertido que no les pertenece
Pues procede de otros, sobrevive en otros-
Me sea regalado.
Que no haya sorpresa no es nuevo.
Que todo sea deseo y mirada, tampoco.
Que la tundra y la estepa lejanas del alma
Semejen cuadros de extraña perspectiva
Tampoco importa en exceso.
Que todo suceda bajo la más completa clandestinidad...
La piel que es cuerpo en la noche y noble cual alma,
Nos separa y nos une a un tiempo. Somos débiles
Al brazo del deseo. O quizás somos gigantes pues ellos
Jamás debieron existir sin regalarnos sus abrazos
Ni sus cuerpos colosales a cualquier precio.

Y así vinieron a mis sueños (o vinieron a mis realidades),
Desnudos, los ángeles, pues conocen el impudor y el celo de la fantasía,
A regalarme lágrimas y deseos gastados por el uso.
A regalarme mágicas palabras
De esas que gusta tanto el corazón.
No trajeron nada,
Nada para la razón; pues ellos nada enseñan y nada deben ofrecer.
Mas trajeron sus almas intactas,
Besos de primera vez,
Ojos sin lágrimas
Y las primeras sonrisas del amor.
También, torsos tatuados con el nombre
De aquellos que no les amaron.
Para vergüenza y escarnio
De una multitud que agoniza
Antes de saber qué es el amor.

No saber quien es quién no hechiza
Y ese maldito arte del disimulo...
Así son sus quimeras
Y su miseria traslúcida,
Así, dan de beber a proscritos del cielo y a enfermos efebos
Heridos por la belleza.
O a simples bebedores noctámbulos, a jóvenes inquietos aunque
Demasiado tímidos para el amor, a hombres ancianos
Pero hermosos todavía, o modernos trasnochados
De anuncio en el WC y perfume de Klein.
Y en ellos, en quienes la generosidad habita a sus anchas,
Se invierte el amor traído al ser ofrecido
A las hembras de la especie
Pues son las madres de los hombres
Y serán besadas también,
O engendradas con júbilo.
Y éstas, elegidas sin saber ni cómo,
Bajo impoluto misterio
Gemirán a cada abrazo con el sexo herido, abierto a la incertidumbre
Y fingirán que es aquel el amor
Que buscaban.
Malversación tácita,
Alteración del orden
Y caos virtual.

Esos serán los signos a su llegada,
Pues ellos anunciarán una aurora sin espanto.
Las noches de las que hablo son pocas pero suceden.
El resto, simulacro radiante y centrífugo de la realidad,
No merece ser contado mas que para ser maldecido.
Ditirambo de cuerpos alargados en esperas tristes,
Promiscuidad de miradas que silencian al deseo.
Es la esperanza que bajo forma inverosímil
Embota nuestras cabezas al son de un ritmo 4x4
Entre luces y aliento etílico.
En la ciudad es sábado por la noche y apenas la lluvia de otoño
Cae ajena al mundo interno de sus habitantes.
Y es también, la ciudad de virtual ilusión, de asfaltos y de soledades
Aunque también, a veces de alegrías.

No te duela amigo,
Que no te duela saberlo.
Que esos seres, esos ángeles caídos que están entre nosotros
También son nosotros.

Que nos den vida o ilusión,
Nos hagan verdadera la mentira
Y transmuten la envidia en recuerdo ominoso.
Respiremos aliviados pues el castigo
Hubiera sido peor.
Menos lírico,
Menos arduo y hasta probablemente,
Falto de pasión.

Marzo y David

A Ismael

El lejano rastro de la ilusión
Que no se cumple
Que no se deja cumplir,
Se parece a una espera sin perspectiva.

Así, sentado al borde de los instantes
Precipito a vacío objetos del deseo
Y aguijones de la mirada
Sobre la espalda traslúcida
De aquel joven reticente
-Adán de carne por otro lado-

Como hombre entre los hombres
Sentirás este frío
Y ganas de llorar, también.
El amor no es el amor
Pero tú apareces tan hermoso,
Tan joven y anciano a un tiempo...
Hecho con los deseos de otros.
Ausente en tu indolencia,
Inventas travesuras del amor
Con la gracia de tus diez querubines,
De hielo.

Sobre tu espalda amplia y amable
Sólo comparable al alegre sonido de tu risa,
Me hubiera guarecido de la vida
A cantar un canto de generaciones,
Alegre aunque yermo:

Sentido de la vida,
Alma de este mar
Que parece querer navegar.
Las ganas de mirar
Diciéndote en los labios:
Sentido de la vida,
!Cómo te he esperado¡

Quizás algún día lo haga,
Borracho de esperas y naufragios,
Te regale esa mirada osada
Que clavó en mi pecho
Un llanto aterido.

Tu voz,
Dijo el nombre perfecto soñado por mi pecho.
Capricho de agua,
Líquido que los cielos regalan
En su aventura cotidiana.
Fuiste un capricho de agua limpia
Y quedé prendido de los momentos
Que la memoria se encarga de inmortalizar.

Aquel sábado aciago,
Cuando los hombre iban hambrientos
Y el ánimo era desierto seco de sentimientos.
Tan sólo tengo por ti
Un puñado de frases huérfanas
De efímera belleza y huérfanos acentos
Condenadas al olvido.
Claudicar ante un deseo insatisfecho
Ofrece secretos imposibles.
Yo quiero hacer de esta tristeza húmeda
Homenajes a solitarios corazones en zozobra.
Que el viaje de la esperanza
Por el mar del olvido
Levante ráfagas de viento y de vida.

Te vi, entre la luz de una imagen
Y la noche de los cuerpos,
Estático ante el fuego del deseo.
Tú, majestuoso e indolente
Impediste el poder de la noche
Para no manchar así
Tu perfil de humana adolescencia.

Memoria del Deseo

Tardó la noche en caer sobre Farfisa.
La ciudad donde nadie se aventura.
Hubo un canto que todavía recuerdo
Que sabe a miedo viejo
Y alcanfor.

Tú llegaste de algún límite impreciso.
Elegido sin duda por alguien
Superior a nosotros,
Aunque indolente.
Tu sonrisa,
Dibuja selvas azabaches
Y lunas repletas de perspectivas
O auroras boreales.

Símbolo y luz.
Alma recién escapada
Fue la tuya
Al caer del tiempo.
Ni el mito de Ciorana
Astucia te intuyó.
-yo tampoco lo hice-

Mis abrazos lentos,
Enloquecían a merced de tu cabello.
No supieron negarte su misterio.
Dos hombres que igualan la mirada
Sobre la cuerda floja del deseo...

El tiempo,
Fugaz como alma huidiza,
Enamoró el recuerdo
Que ahora sostengo.
No es mejor ignorar: mejor es algún recuerdo.

Misivas del Corazón

Sólo quien sabe sufrirlo todo es
Capaz de atreverse a todo.

Vauvenargues

De tu voz en reflejo me llega esta luz
Que es búsqueda y queja
O llanto mas parece sonrisa insondable.
De su luz que es suerte no menos que esperanza,
Camino aunque atajo insondable,
Cruce de suertes o senda de la razón;
Llegas tú en un espanto hecho de pura causalidad
O quizás de ensoñación. Traiciones para la razón,
Una razón agónica que ya no sirve al corazón.

En la noche sin estrella que somos,
Alguien sonríe y su luz nos ciega, nos abruma
Y limpia todo rincón con destreza inusitada:
Paradoja que no cesa en su asombro.
Que las estrellas se han hecho para dar luz
Y sombras también, que aquello que llamamos
Lo demás es un nosotros.

Dormir un sueño de generaciones no es más
Que el destino huidizo de hombres que buscan su sombra
Y a veces la encuentran...
Que todo resida en el amor
Pues es origen y fin,
Medio y lanza de cuchillo.
De ti hacia mí,
Tan sólo un signo intangible,
Infatigable,
Improbable e inabarcable:
Un incorporal metafísico -sí, amigo Nietzsche-
Como nosotros también lloras la falta del cielo en la tierra.
Mentir alivia y permite el descanso para continuar...
Y al decir vida, la vida aparece.
Al nombrarla surge
En el angosto sendero de la imaginación
A través de pupilas absortas
O en el calor del cuerpo, junto al corazón:
Creedme,
La fuerza de las palabras reside en la mente
O en el corazón del demiurgo que somos,
Apenas sin saberlo.

Nacer al Desamor
(Soledad o los Campos de la Noche)

A Germán

Quisiera amarte con dulzura,
Casi con beatitud.
La lentitud del tiempo de los abrazos
Amplia horizontes sin forma en la memoria.
Y por quererte
Borraría tu nombre
Para tener que recordarlo;
Para nunca olvidar
Como se hizo costumbre
Amarte.

La cerrada noche
Calada de azabaches
Y borrachos querubines solícitos
Enajena.

A la intención del beso
Abrazos.
Al amor, voces y primaveras
Y fértiles campos
Como vientres de mujer;
Ávidos para el amor.

A ti que supiste tocar mi noche desesperada
Ciertamente te debo la luz
Que ahora me arrebatas:
Temo dejar un rastro que no te merezca,
Morir y nacer al desamor.

-Dijiste-

Origen del Corazón

A Francesc

La voz se aleja en el espejo cóncavo del corazón.
La caricia de un beso olvidado por ti en mi piel.
El hábito de la espera...

Mas todo son esperas por calles y plazas de sueño.
Al ser tocados, algunos,
Justo en la orilla de un hábito;
Tejen su soledad como arañas sonámbulas.

Así fue como apareció tu voz
Apenas pronunciada cimbreando en la mirada,
El único sonido borracho de amores
Que tocó mi alma
Con un océano de ausencias.

Todo lugar, toda realidad
Presupone una contraprogramación.
Es siempre algo aleccionador
Aunque insoportable al tratarse de ti.
Tú, sonámbulo fantasma
Me adviertes de la distancia que nos somete
A un desierto de nombres.

Te vi,
No eras un ángel
No eras rubí.
Tu boca canal de lágrimas,
Tu rostro de duro acento;
Solemne como campo insondable,
Enciende este deseo húmedo
Parecido al Océano.

Tus ojos dotados de ontología propia,
Saben mirar bajo las palabras que no se pronunciaron,
Detrás de los significados sin origen
Por entre las fuentes del entendimiento.

Te vi,
En sombra, como arena tibia;

Sol y deseo de Agosto
En un desmayo padecido en silencio.
Así son tus imperios repletos de asombros.
Así, tu miseria sin noche,
Y todo lo que diga está de más.

No deseo más dicha que esta sombra de azabache
En forma de espera, lánguida.
En un instante tuve tu rostro trémulo
Besando la eternidad.

Ya esta espera debe guardar su distancia
Alumbrar su momento;
Aguardar a ser consumida por el deseo.
Y beberse al fin el tiempo en que se gestó...
O pasar como pasan los huracanes.

Tu historia jamás será escrita de otra forma,
Ni los anales más remotos dirán la perfección de tu rostro.
Quizás en tiempos de Fidias, hubo una escultura parecida a ti.
Pues el sabio dejó escrito:

"La belleza marmórea no es fruto de artista
Ni de cincel, sino del oscuro deseo de Apolo".

Sólo tu voz y tu sonrisa
Llenan océanos
De espumas recientes.

Yo, que apenas soporto la tormenta:
¿Cómo podría no perecer en el intento?
Ciertamente, te vi
Y la pasión que permaneció
Debajo de la conciencia,
Adormecida bajo la fugaz arruga del cerebro;
Hoy te rinde un homenaje.

Apenas buscaba nada
Y te vi.
Ibas cargado de algas y de azabaches
Robados a la noche.
Luz de agonía.
Tu perfil era

Como aquel que cantan antiguas tribus:
Ávido ante un horizonte de existencia,
Perdido frente un futuro de agujas.

Cargado de voluptuosa juventud
Como aquel guerrero que supiera
De su prematuro triunfo, llegaste.
Y así me gustará recordarte.
Dardo de luz
Soplo de ilusión
y Adán de ruiseñores.

Ibas en busca de tu vida,
De esa vida que luego trae la noche.
Bebiendo luz de pájaros nocturnos
Robando estrellas para regalos generosos.
Brillas con toda fuerza
Tu talle es hermoso y marmóreo.
Nada se sabe del cincel que te dio forma,
Ni de la noche que se quedó sin estrellas
Cuando te vio pasar.

Todo secreto tiene un buen guardián:
¿Acaso la pasión podría desvelarlo?

Sin título I

> Tu nombre ya fábula de fuentes.

Objeto y deseo
Pulidos por el tiempo.
Vi como tu voz
Rugía sobre lomas de espuma
En el angosto sendero
De la imaginación.

Tus ojos me ofrecían,
Al límite impreciso del deseo;
Dos arbolillos locos
De pura inocencia.

El tiempo,
Dúctil y astuto
Cual sombra
Fue testigo
De besos y abrazos entregados
Por los advenedizos
Del amor.

No pude pretender
Sostener esta frente fría
De aguaceros,
Ni tu cintura de inviernos sin cobijo.
O retener en la memoria
El duro acento de tu nombre.

Mi voz
Ya no quiere cantar
Como antes lo hiciera.
Tu sombra no abandona mi casa:

Un rito, un símbolo de amor.

Santiago Calleja Arrabal

IV

PROSAS SIN RAZÓN

Lo que a continuación acontece no son sólo historias.
Es mi vida novelada lo que sostienes entre las manos.

Historias del Adentro

-Prólogo-

La poesía reclama un orden para el mundo. De eso no me cabe la menor duda. ¿Un orden para el mundo? -se preguntará el lector-. Sí, un diálogo con nosotros mismos basado en la intuición y la magia a través del lenguaje. Pero ésta va más allá todavía, quiero decir que en lo importante -si miro hacia adentro- encuentro que todo es un "adentro". Lo que deseo expresar es el orden simbólico de los sentimientos. De las historias que se dan citan a través de la lectura pero que proceden del mundo fenoménico, del ámbito de los sentimientos y donde confluyen todas las historias del adentro, todas las sensibilidades, todos los miedos y las conciencias (también la falta de ellos). La poesía es ante todo esa especie de exorcismo donde conjugamos una suerte de verdad. Lo olvidado y lo memorable, el temor y el silencio, el ámbito del deseo, la enajenación, la leyenda o la fantasía, el atrevimiento y la fe, la ruptura con la razón o la quemazón del corazón... que a veces se parece tanto a la pasión.

De este declive que es la poesía nace la inusitada conciencia de querer-ser-ahora. Un estar ahí antifilosófico en ocasiones Precivilizado incluso. La poesía es el ámbito donde la amargura puede ser reducida y asimilada. Donde coinciden en silencio lector y poeta. Donde reside lo que para mi se denomina "felicidad sin euforia". Una conciencia soberana se apodera de aquel que es poseedor de voz poética. Qué humilde hazaña y qué gran logro ser capaz de verter sentimientos dentro de palabras.

Del uso de la poesía todo se ha dicho y todo está por decir. "Poesía al uso" como proclama el poeta puertorriqueño Iván Silén... Creo en el valor de uso de un verso. Saben, cuando estoy triste coincido con mi dolor en la lectura de un poema desgarrado o contrariamente; en la tibia intimidad de esa lectura que encierra una suerte de verdad que quizás intuitivamente será descubierta. No es cierto que la poesía persiga la belleza solamente, muy al contrario, allí nos habla de los prolegómenos de esta, del proceso es sí mismo y de su vástago. Allí, en ese lugar impreciso que se va actualizando con cada texto, con cada autor; estamos todos, ustedes y yo. Yo y nosotros juntos en un pacto de silencio.

Ese es el valor de uso de la poesía: elevar la conciencia, hacer soportable la existencia. Ejemplificar una voz y un alma que vuelan más allá del idioma. Un mundo, en definitiva, poblado de matices, rico y necesario que no necesita justificación; sólo voces que canten, ojos que lean y corazones que sientan textos como propuestas locas que son simplemente necesarias y que perfilan el ideario vital y colectivo de muchos lectores.

La visión poética implica una percepción poética del mundo, un sentir la vida específico. ¿Cuántas veces hemos leído escrita la respuesta? ¿Cuántas hemos escrito respuestas para otros? En este jugar a encontrarnos nosotros, ustedes y yo consiste la poesía.

Así se escribe el mundo que a mí me interesa contar. ¿Qué podría servir para justificar la poesía si no? Ella misma se justifica incansablemente al margen de cualquier caos. Poetas y poesía se perpetúan en la elipsis incansable de la escritura contribuyendo al orden con más caos.

Ángeles de Cieno

Buzz Café
Los Ángeles
25 de Junio, 1999

Quizás te busque en la Web. Quizás no te imagine más al amparo de sombras o semáforos. Calor de junio y soledad en sed... Quizás ya nada tenga que decir o que añadir, ya nada, en esta ciudad de cieno hecha al tamaño de pasiones que se resienten a ser cumplidas.

Los ángeles viajan en patines aquí y surcan el vuelo más hondo al encarnarse en bellos cuerpos que no besaré. Y es cierto, no he visto nada que no conozca, ni miserias nuevas por estrenar: el mundo se parece a sí mismo en todas partes. No hay belleza que llamar distinta. Nada nuevo donde todo es conocido, versión sin límite fijo de realidades que también otros cantarán.

He aquí tu encanto o tu misterio: ciudad desierta en la abundancia. Sentí morirme de sed junto a tu fuente... Tus montañas semejan un extraño caligrama y guardan el secreto y la luz de tus amplias calles que conducen a ningún sitio, calles repletas de laberintos y sonidos, no menos que de luz y amplios asfaltos.

Mas, no hay una lucidez nueva en tu mirada. Nada que fuese dicho sin ser verdad antes. Pero sí eres (mejor que otras ciudades que visitara) escenario de vidas anónimas y de razas. Ellos te habitan sin saberlo. Otros, mueren de soledad por tus esquinas, allí donde la muerte es un arte al gritar: -Estoy vivo, miradme, tendré el mejor de los cadáveres-

Quién dirá el origen de tanto misterio, quién, tu miseria traslúcida y esos colosos que te habitan: ¿quién les amará?

Vine tan sólo para saber si los ángeles que te consumen viven de puro egoísmo o duermen vehementes el sueño de Narciso. O transmutan la tristeza en alegría y la soledad en muchedumbre. Quizás también, el orgullo en humilde entrega.

No es cierto lo que imaginé.

La soledad duele igual a los pies de Santa Mónica Boulevard, no varía su sentido: se parece a sí misma. Regreso de mi viaje vacío al origen del vacío. Otra vez estoy aquí, sin nada más que decir; instalado en el silencio cómodo de la memoria.

Tuve que estar lejos de este presente para sentir otra soledad... Tuve que alejarme para saber que por aquí también se llora en inglés.

Azul sin Historia

Es por el azul sin historia,
Azul de una noche sin temor al día,
Azul donde el desnudo del viento va quebrando
Los camellos sonámbulos de las nubes vacías.

Federica García Lorca

Y te vi clavado en el azul de la noche. Noche azul, en verdad, noche sin temor al día; noche lorquiana de insomnios y miradas veladas. Es verdad que la belleza toma forma inverosímil, en ocasiones. Sí, es verdad...

Yo bajo tu sombra, al amparo de tu mirar que no es mirar sino dulzura y límite. Vi la noche ligera cual gacela huyendo de sí misma y vi tu corazón errante manchado de algas. Otra vez desvelo y frío por ti.

Otra vez temor callado. Sí, te vi tatuado en sombra, en la noche más azul que viera; llenando el espacio con tu forma y tu voz y tus ojos o tus manos como jirones de nuestro amor lanzados al estallido insomne de la noche... hecha firmamento sólo para nosotros.

Breviario de Pecado

Crucifixión en santa devoción. Traedme al Santo Jonás, a la ballena que fue bendecida en el Apocalipsis, al hijo Josué, a Cristo mismo. Que vengan en púlpito sagrado. Yo les acojo. Les bendigo, les prescribo para el cielo, les ardo en el infierno o les perforo con mi deseo sin límite.

Hijos proscritos del cuerpo, bendecidme, blasfemadme, martirizar mi piel con suplicios inconfesables. Mis lágrimas serán del Redentor su alegría. Mi amor será amor en desmesura. Abominadme, fustigadme, dilapidadme si fuera necesario) cual ladrón, cual proscrito. Por ser mi cuerpo sólo de hombre y mi amor de hombre, solo de amor.

Entregadme la seña y el santo, el salmo de la cercana salvación, la futura lápida que cubra mi cuerpo de escombro. Bendecidme, devocionadme. Traedme desde lo más alto a lo más ínfimo de los habernos. Llagas en mis manos de alegría, arrancadme el alma... Sólo el alma bastará para cumplir con el mandato de Moisés. -El hombre más cruel que jamás conociera- Muriel, Belcebú y Ezequiel: ángeles y demonios vendrán también en esta hora última donde mi cuerpo (que ya no será mío) se tornará dádiva o fe quebradiza. Látigo y castigo para así sanar y redimir por siempre un original pecado.

El pecado del hombre no es ser sólo humano, es ser hombre solitario, hombre sin voz y fe quebradizas. Sólo el rastro de su tristeza será profecía o rezo todavía por decir... Venid junto al cadáver sin entierro que me espera. Romped pañuelos en lágrimas y gritos o reíd, si preferís, antes del último Apocalipsis:

Devocionario,
    Devocionario,
        Devocionario...

Sólo togas e inciensos, sólo salmos o rezos. Sólo cánticos en lenguas incompresibles y hondas voces de querubines llegarán a mis oídos.

El último día, me levantaré para mi muerte.
Ese día sólo a mí estará esperando.

Cera de Enfrente

No eres tú -muchacho en jeans- espléndido en tu enhiesta y álgida adolescencia aquel que nombran lenguas de doble filo. Ni tu mirar sombrío, tu hechizo de gélida pureza, tu luz hecha al fin resplandor; los que serán maltratados en una humillación indecible. Es la sociedad quien inventa la flecha y el veneno que te cercan. Tú no les oigas, no les mires. Apolo en flor, luz y cadencia: hombre de tu mañana.

Que giman hasta quedarse gélidos en su indolencia, sucios en su incomprensión, rotos en desaliento y sin rezos que ofrecer a tus templos. La cera de enfrente está repleta de flores y de nubes huidizas -tú que lo sabes bien, no les oigas, no les mires, apenas- Pasas desafiando en tu silbido a las fuerzas del orden. Déjalos, muchacho, permite que tu cuerpo sea diana de su deseo. No les calles, no les mientas tampoco. Ofrécete sin mácula a sus antojos. Deja que su ira inunde lo inabarcable, que brote su risa como lava sucia. Permítete esos excesos...

El fruto de Nabuconodosor será para quien sepa medir sus fuerzas y su talento en ínfulas sin infierno, en quimeras del mañana. La verdad descansa entre los muslos del Apolo que representas (sin saberlo). La fuerza hecha luz en tus manos no será medida. A menudo el mudo gusta ofrecer su crueldad con gestos que asquean el paladar. Ellos son más. No mejores, no más bellos o más perfectos que tú. Mas, olvídalos en su verdad sin luz.

Las calles del espanto están en un mañana que es un hoy quebradizo. De ellos es el dolor que se clava como clavel de recuerdos, nardo de su ignorancia.

Lleva sólo, tú, la risa como perfume, sol de tu siembra.

Corazón de Viaje
(Impresiones al Amparo de la Lluvia)

Puerto de la Cruz, Tenerife
Abril, 2002

Hay noches encendidas que se parecen a playas desiertas, que se resuelven a solas entre linternas ciegas y el hálito de la pasión... la lluvia no les afecta. Son noches añejas en dulce letanía, olvidadas de amantes trásfugos. El amor semeja un meteoro entonces.

Y el amanecer indolente me sorprende en aquel bar contando líneas sobre el mantel que solitario vera mi disimulo reflejarse en su tela. La vida ha prendido esta noche luz de luna y olvido. Hoy estoy olvidado y al amparo del favor de lo extraños...

Hay noches que claramente muestran la dirección que no debes seguir, obstinación en sombra. Te hablan de un abrazo pasajero y perezoso, de penas que serán alegría.

Y lo anónimo en la muchedumbre es norma y confías en el despiste del turista que representas y te animas en bares donde jamás nadie entraría a sucumbir, a descubrir que la miseria ofrece secretos imposibles, también para ti.

Volver al lugar donde has sido feliz no siempre reconforta. Tan solo aquí sentado, amanecido y triste, alguna mirada se pose en mí con ojos que preguntan.

Una sonrisa, quizás un gesto que invite al mundo a sentarse a mi lado, esta noche; a dormir conmigo este taciturno corazón de viaje.

Cosas Imposibles
(Biografía en Doce Meses)

Este fue el año de las cosas imposibles. Quiero decir que no ha sido un mal año: 365 días endiablados, 8.760 horas de intensa vida cautivada a golpe de luz y de no pocas penas o alegrías (fraguas del espíritu) y otros tantos estados de ánimo gastados variantes y locos, como locos caprichos huidizos de momentos que ya sólo olvidé.

En lo importante, es decir, si miro hacia adentro fue un año de amores imposibles y sueños gastados. De riesgo en emoción y pasiones hondas dignas de una vida digna y al final, feliz. El año de las cosas imposibles fue el año que concluyó sin encontrar el porqué del que presumíamos en Enero llenos de esa extraña emoción hecha promesa. El fracaso que supone todo imposible es tan sólo el espejo de la ensoñación. Ese cautivador de amor aunque peligroso al uso de lo cotidiano, con nombre y apellido que se va de copas al mínimo intento. La derrota no es más que una fase en la batalla pero dignifica...

¿A cuántos imposibles debemos la actual fortaleza que a veces nos invade? La capacidad de ejercitar con fuerza el corazón, más allá de su mero latir. Así es la vida que se entrena y se nutre de la pasión. Y por ello, cuántas derrotas (que no lo fueron). Cuántos equívocos por tan poca ilusión fueron pasto de la tristeza. Cara y cruz de una misma moneda lanzada al aire y con él ofrecida al azar. Sólo una cara, una sola, se precipita ante nuestro asombro... Los amores imposibles son aleccionadores, con ellos siempre estamos en deuda.

Enero pasó sin pena, sin gloria tampoco, con paso frío y gélida intención de dama blanca y arrogante. En Febrero un ruiseñor de diecinueve abriles se posó en mi ventana enseñándome a volar como antes lo hiciera. Tuve suerte de que para entonces mi corazón ya estaba hecho a las alturas. Pero fue en Marzo, un domingo aciago, segunda Pascua del año, cuando me tope con un ángel en cautiverio. Su sonrisa aún cimbrea en mi pecho. Me dio de beber, agua limpia para mi sed intensa y solitaria, sed de los caminantes de desiertos... Agua para tu sed y sol para las cicatrices del alma -dijiste-

Y sudé mi dicha como sólo los sabios lo hacen. A un lado mi amor, del lado opuesto el suyo (que tenía dueño).

Rompí a llorar en Abril, cercano ya al día diecisiete, día de mi treinta y cinco cumpleaños cuando palomas nuevas me llenaban las manos, llevándome lejos del dolor y de todo laberinto. Me rescaté a mí mismo (no sin asombro) y me regalé un viaje a la ciudad que llora su opulencia a orillas del Lago Leman. Las montañas y yo nos hicimos amigos esa primavera, el follaje inundaba las pupilas en flor y el olvido se hizo grande pues por fin obedecía a la razón.

Mayo en flor todavía y mi corazón sigue vacío de hojas pues cómo podemos olvidar sin dolor el paso de un ángel.

Con Julio en calor, la luz quemaba en las entrañas. Las heridas en sal todavía seguían su latir y su curso inevitable en la memoria. Retomé el pulso a la vida que con inteligente malicia me obligaba a vivir.

Un tórrido Agosto en Siracusa fue la excusa perfecta -aseverabas con motivo de tu viaje a Barcelona. Aquí también luce el sol -afirmé sin éxito- tú ya te habías instalado cómodamente en mi casa.

Un condotiero italiano, altivo de pelo escaso y viril semblante. Ese eras entonces. Me hablabas de Petrarca, del joven Boccaccio, con aquel duro acento de la isla Lampedusa. Pero ya se sabe que los cantos de sirena terminan con la muerte de quienes los escuchan... Las sirenas siempre regresan a la manada. El mar las domina.

Septiembre fue un temblor, creo que fue también un terrible día once... besaba yo la arena de la playa entre los rayos más tardíos del final del verano. El mundo se obstinaba en mostrar su crueldad más absoluta mientras dos aviones rompían dos álgidas almas gemelas. Dos torres en la gran urbe donde todo es posible incendiaban el mundo. Y pensé en los poemas de Lorca y su Poeta en Nueva York.

Llovía todavía poco aquel Octubre taciturno y la vida hacia el otoño se precipitaba ociosa sobre el azul de las fotos donde reposan los recuerdos colgados en instantáneas tomadas aquel verano, y suspiré riéndome a mí mismo. Pues si he perdido mi tiempo, no lo he perdido todo...

Mas fue en Noviembre cuando lo imposible tomó la forma fronteriza de un deseo que se cumple... No sé nombrar todavía hoy el dolor de lo innombrable. Solo sé que la realidad llorada en los poemas de Cernuda mostró su lado más duro. La lucha entra realidad y deseo no deja de intrigarme, mas esta vez me partió el ánimo; obligándome a prescindir de toda poética. No existe castigo peor para un poeta que la falta de lírica. Conocer la desdicha de lo humano. Asustar el ogro de la infancia y el miedo que causa la existencia... No sé nombrar lo ocurrido, ni decir el nombre de quien tanto dolor me causó. Da igual, fue un ángel también aquel, un ángel caído herido por la vida.

Diciembre cerró el cómputo de lo inabarcable pues con qué falsa ironía podría yo lanzar novelas al viento. ¿Lo veis?, Lo hago sin el menor rubor...-Quizás sirvan al tiempo que vendrá mañana al traernos un trozo de pasado. Quizás mis palabras vuelen más allá a donde posiblemente yo nunca iré.

Diciembre frió finalizó deslizándose en coptos suspiros.

El Dios de los Milagros

A veces pienso que los seres humanos son los seres más crueles que existen.

Quien pierde el amor pierde el norte y el sentido de las cosas más bellas.

No sé si creerás en Dios -lector- pero yo le rezo al Dios de los milagros, al Dios de los desesperados de puro dolor... a Aquel que sabe ver dentro de los corazones las razones que no supimos explicar a quien amamos. Le rezo de puro llanto. Él comprende las lágrimas sinceras pero como es un Dios malévolo nos permite tan sólo que creamos en él... aunque sepa que no hará milagros. Él sabe que los locos del amor le rezan sólo por su locura, pues para éstos tan sólo el amor es bastante y aunque sea un recuerdo, idolatran los recuerdos y sufren aún sabiendo que nadie vendrá en su ayuda.

Yo elijo la locura por amor más que la torpe soledad del conformista. Creo en el Dios de los que aman y no son amados.

Un día suyo será el Reino.

Sobre el Miedo

Es el instinto más poderoso del hombre (o por lo menos uno de ellos). Nos protege falsamente del ataque del mundo externo. Nos separa del mundo, de nuestro mundo, del mundo de los demás; con su falacia aséptica impidiendo comunicación libre y comprometiendo nuestros actos que, bajo sus garras, hace de nosotros sus "títeres".

El miedo corrompe los cimientos de los sentimientos, nos roba libertad de acción y nos condena a la mediocridad. Pero podemos mirar hacia el cielo sin sentir miedo, tan solamente con la propia comprensión de nuestra naturaleza cobarde y un intenso esfuerzo por superarlo, alcanzaremos la felicidad o, a lo sumo, una felicidad serena libre de euforia (quizás la más auténtica).

Dicen que el miedo es propio del egoísta, de mentes materialistas y de corazones que no logran su cometido. El egoísta/materialista, siente miedo de perder sus cosas: si sale a la calle teme que le roben la cartera, cuando conduce teme un accidente que estropee su auto. Si se enamora teme que le hieran pero en realidad lo que teme es perder su propia libertad (una libertad que está abocada indefectiblemente a sentir miedo).

Pues el miedo se alimenta de sí mismo y de sus fantasmas, a saber: miedo a besar y a ser besado, miedo a las caricias de más de una noche, miedo a una mirada sincera que descubra su debilidad y comprometa los sentimientos... miedo a la responsabilidad de entregar amor, miedo a recibirlo. Miedo a no tener saldo en la cuenta corriente (o a no tener tanto saldo como querríamos). Miedo al hurto, al amor imprevisto; a la visita imprevista del amigo que "con seguridad nos incomodará", en definitiva miedo a volar y a expresar, y a sufrir (única forma de aprender) y al final... miedo de sentir miedo.

Nos duele la cabeza por miedo y es por miedo que dejamos perder aquel amigo que tanto hizo por nosotros... miedo a los aviones, miedo a la muerte (puente hacia otras vidas) Miedo al mar, a los imprevistos, a la luna llena. Miedos infundados e inconscientes... ¿Y qué me dicen de los miedos de la infancia? Nadie salvo nosotros limpiará las manchas de miedo en el corazón.

-Sigo-: miedo a los que dicen la verdad, miedo al espejo del otro que apunta a nuestro egoísmo. Miedo al dolor, al dolor psíquico también. Con miedo nos enamoramos y por miedo a continuar rompemos para luego, "agotados de puro miedo" caer en brazos de un nuevo miedo irremediable.

Recientemente, miedo a los atentados, a soportar al otro. Miedo a una nueva ideología que ponga de manifiesto el miedo visceral que sentimos. Miedo a un simple apretón de manos. Miedo a no hacer un día tan sólo el regreso a casa por otro camino distinto. La miseria en los demás despierta por ende un temor apabullante.

Los miedos son infatigables, son tantos como personas los padecen. Hay seres que de tanto miedo se olvidan de él y un día de repente, son felices. No hay nada peor que el miedo. Ejercer de miedosos es una torpeza propia de nuestros días. Es por miedo que matamos, nuestra autoestima causa baja de puro miedo y miedosos son aquellos que siendo ricos no comparten su riqueza sino que acumulan mas y más dinero (y por tanto más y más miedos).

El ciclo infinito del miedo cruza nuestra frente y en las noches más oscura del alma planta su semilla que, si tú quieres -amigo-, un día cesará de crecer. Piensa bien en el origen de tus miedos, míralos, cántalos; rómpelos al nombrarlos en voz alta. El miedo no sirve de nada, no es fruto más que de tristeza.

Un día cuando estemos frente al fin de nuestros días veremos que al otro lado no hay ni siquiera miedo. ¿Imaginas entonces cómo nos sentiremos?

Escuela de Letras

Te transcribo, ¿Qué será? ¿Quién te anduvo?
Si la noche es clara como puñal
y tu cama de amor se me ha llenado de peces.

Iván Silén

Luz y poesía van juntas pero también la amargura y su vástago. Yo intento ser soplo de viento cuando las arañas del corazón juegan a dañarme y luna en playa desierta cuando el amor se olvida y no visita mi casa. Otras veces, soy puente levadizo que une dos islas de seres solos y en soledad hago acopio de valor al jugar a ser Lázaro, o cupido ensangrentado.

Las palabras llegan como jarros de agua limpia y son fruta y pájaro y sombra que anidan al calor de heridas sin cerrar... La vida pasa y el poeta ofrece su dolor al mundo y le dice: "Doler no duele sobre los cuerpos solos. Sobre las almas también cae la noche más espesa. Siéntate aquí a esperar que pase y llegue el alba".

Holografía Acariciable

Vosotros no me podéis comprender... No os culpo... Vosotros vinisteis a mostrarme el norte del deseo y el sur de la desesperación. Vuestros cantos son los signos del delirio y la embriaguez. Vinisteis de puro imaginarme sin conocerme, a traerme el olvido de mi imagen gastada en los espejos.

Vinisteis a recordarme el amargo sabor del ocaso que no volverá a repetirse y la noche de los poetas negros que os llevará, de la pluma de la inspiración gastada por lo cotidiano, al incógnito sendero de la imaginación. Yo no os nombraré. No os nombraré pues soy el objeto sin alma que canta mi voz, el haz imposible de las flechas de cupido. Una casualidad o quizás un amanecer que no sucederá.

Yo no estaré allí para cantaros, ni mi voz os dirá con júbilo, ni tristeza, ni apenas alegría, ni llanto, ni nada que se parezca a este despropósito siniestro de nuestro encuentro. El juego del azar os pierde, os ilumina y os atribuye justo ante el abismo que os aclama. Ver mi holografía, es acariaciable. ¿Me veis? Soy vuestro imposible en palcolor.

Esta es mi holografía, soy yo, mi yo nocturno y diabólico, el poeta profeta de la nada, el que llega vencido y jura un día volverá. Un loco de las palabras y los juegos de alcoba, un espejismo, en fin, en busca de su propia identidad: Vosotros sólo guardar silencio, ver mi holografía, ver su color de sombra poetizada. Ver los símbolos que emborronan la verdad que os está prohibida.

Un Largo Lagarto Verde (Pequeña Estampa Cubana)

Tiene Cuba un malecón antiguo donde la soledad es de piedra, donde el amor se consume con gozo amargo, donde el tiempo dejó de contar...

Las olas rompen a lo largo del espigón de La Habana. Sí, lo he visto en tus ojos, y entierran en la cálida playa el nombre de marineros muertos de amor. La leyenda es lo único vivo que recuerda el viento. Lo he visto en tu mirar y no me arrepiento.

Las olas rompen a lo largo del espigón, y traen espumas recientes a mis pies que son ojos que ven en tu mirar un lugar conocido en el que nunca amé.

El colibrí de cola ancha, el viejo caimán de Camagüey, la música rapsoda de Ernesto Lecuona, el songo cubano de carnaval y el escueto mirar de tu semblante tienen algo en común que intriga. Tu voz discreta, las manos pequeñas y ágiles, la pena clavada en la mirada... Todo cuenta y todo se escribe por la playa de tu costado herido.

Y las olas que rompen por el malecón de Macondo no cesarán de danzar la fiebre de tu pena, el amor de tu orilla y el olor de tu imposible aurora... Lo vi en tus ojos que no mienten pues están hechos de sueños y duermevelas del amor y de miedo, también. De su negror azabache que esconde la dulzura de la caña de azúcar y de los cantos esclavos devorados por el viento, sigue viva la estrella que te guía. Esa ofrenda está viva. Sí, lo dicen tus ojos y yo lo creí.

Un día iré a Guantánamo, mi corazón que es puro y curioso y gusta conocer la verdad hecha mentira, irá a Holguín, a Santa Clara, a Santiago... Sí, iré a Santiago a saber si es cierto que las olas del malecón de La Habana rompen su destino herido sobre tu perfil de largo lagarto verde... con ojos de piedra y agua.

Tiene Cuba una fiebre antigua que contagia de melancolía. Un malecón viejo y un ritmo en duermevela que esperan ser descubiertos. Hay una canción y un sendero recién estrenado allí, y un muchacho que mira fijo el horizonte partido.

¿Acaso conoce Cuba una canción que hable de mí?

Tiene Cuba un malecón herido donde la soledad es de piedra, donde el amor se consume con gozo amargo, donde el tiempo, dejó de contar...

Mandamiento de Amor

Dejad que en vuestra unión haya espacios, y dejad que los vientos del cielo dancen febrilmente entre vosotros. Amaos los unos a los otros, pero no hagáis del amor terca atadura: dejad que sea cual viento, como un mar siquiera. Un mar que se meza en las orillas de vuestras almas, remanso de paz.

Narciso se Baña a las 7:00 a.m.

Sólo los pasos que damos sobre el mar
Son la huella de líquido
Que anuncia serena
Que un día anduvimos surcando sueños.

Miradme... Soy yo que resbala en la arena de mi pesadilla. Tengo al líquido elemento besando mis tobillos, acariciándome los muslos, lamiendo mis rodillas... El mar de pena en el que me sumerjo no es diferente al vuestro, está hecho de agua también y de lágrimas en soledad. Soy Narciso enamorado que me baño antes de que todo suceda, antes del primer antes. Antes de cualquier abrazo. Antes que me inunde en despedida.

No preciso ya vuestro silencio. Seguid callados. Como siempre permanezco en el favor de los extraños. Quizás un día vosotros seréis Narciso frente al mar de su pena, seréis alguien a la deriva, seréis mensaje en la botella. Sólo espero que una playa os encuentre entonces, que una palabra os calme el dolor. Que no haya silencio para vuestra tristeza.

Odiseo y Orestes

Los poéticos ojos, el pálido rostro,
Nunca hallaré de nuevo aquellos labios.

Kavafis

No pude acceder al vitral costado de tu nombre, hecho cuerpo, lúcido y sabio; tan solamente concebido como insomnio en la Hélade o en la antigua región de Anatolia. Tu cuerpo fulgurante es canto o ruego, también queja ensangrentada, lápida de la memoria y río donde bañar -no sin pena el recuerdo de tu presencia.

Las manos sabias y rugosas. La tez de héroe troyano: ¿No fuiste tú, acaso, quien enterró los astros aquella noche sin luna desde Ilion? -¿recuerdas?- (su antigua gloria fue la pena de Troya) -explicabas- Desde Ítaka llegaron con fulgurante furia, luciendo flagrantes la ira de su conquista, los griegos.

Más tarde fuimos ambos náufragos nocturnos cercando el fuego de antiguos imperios. Cantamos versos y bebimos himnos en duermevelas de amor: Píndaro, Eurípides o Virgilio... Todo hablaba de nosotros, toda estrella vista, todo montículo vislumbrado, todo acto de imaginación nos cercaba.

Se consumió nuestro amor cercanos a la isla Lampedusa, más allá de la Jonia clásica volvimos a sucumbir en besos y en abrazos hechos al modo de salitres caricias. Dos amantes rumbo al reino de Odiseo. Eso éramos -quizás paremos frente a los cantos de sirena- (aquellas que sedujeron a Ulises). Nosotros no ceñiremos nuestros cuerpos a ningún mástil -júramelo- Seremos más fuertes, dejaremos vencer el deseo, verteremos oro y mirada, morderemos la manzana entregada por Eris (diosa de la discordia) en el casorio de Apolo.

Por fortuna la vieja gloria del mar nos acogerá bajo el amparo de Afrodita. Mas, allá, libres y en libertad, flotar sobre versos embebidos será la norma. Sobre nuestros pies asistiremos al final feliz de la hazaña. El destino del amor es siempre inexcusable, aunque trágico.

Yo bajo tu abrazo, al despertar todo habrá sucedido bajo impoluto misterio y el mar, más allá de nosotros, recordará nuestros nombres, fuego y temblor de verano. Y juntos embarcados en la memoria, concluiremos nuestro viaje.

Perdurar en la Renuncia

De las tentaciones, aquella que me parece más admirable es la de sucumbir ante la falsa inocencia -la belleza de una falsa inocencia no para de atormentarme-.

Ese límite impreciso en forma de mirada calla en silencio al deseo que suscita, busca la mirada del otro como el perro enfermo busca a su amo, con la misma entrega egoísta y lastimosa.

Pues el disimulo es el arte ancestral de la seducción. Justo en sus inicios es donde se muestra con mayor virulencia. Allí excita al deseo, al seco aliento de la esperanza, el latir de una arritmia premeditada y a la mano que tiembla y no acierta a sujetar el vaso al que sólo le queda medio sorbo.

La desnudez no es tal sin el arte del disimulo. Y un cuerpo que sucumbe ante otro es un hecho ya consumado: no se cumple realmente si no alberga en su interior un corazón que desea ser entregado. En esa entrega, -nunca entre iguales- se percibe algo que ya pertenece al que ama pero que incluye en el acto el abrazo de otro, los besos de otro, el aliento de otro..., juntos en un solo gesto.

Allí, en ese instante dichoso, resistir a cruzar el arco de la puerta se impone, al decir: -ven, entra- Cierro los ojos para no ver el vació que se avecina. Deseo postergar el momento, no cumplirme una vez más, aplazar la belleza para así; en este gesto contenido germen de todos los demás ya consumados, perdurar en la renuncia...

Sé bien que más vale un día en tus atrios que cien noches con tu ausencia. Llamadlo cobardía o quizás indecisión. Yo sé que aquel que se resiste, -aunque pronto caerá- vaticina su triunfo. La moneda de cambio que somos no es el gesto del mendigo, tampoco a él incumbe la pasión. Ni el sonido que provoca su caída, tampoco el hedor de su roída ropa o su talante desaliñado y lastimoso. Dicha moneda precisa un intercambio de otro orden, otra entrega sin lástima. Lo que importa es la entrega en si misma más allá de sus artífices, el mero intercambio... pues dos cuerpos son dos astros que modifican el universo. De ahí procede su fuerza y su deseo pero también, la desgracia que vaticina su caída.

La mano que se alarga y precipita la moneda es tan sólo un medio, el gesto es puro reflejo y el sentido que produce la ilusión y la mente sosegada por el gesto, pura indefensión.

Así, de la misma forma, me resisto a ser limosna en tu cesto, su sonido metálico no me inspira confianza. No, -te digo- no cruzare el portal de tu casa pues ni moneda, ni cesto, ni mendigo preciso para entregarte mi alma.

Si no puedo robarla en un impulso contenido, si debo ser lo que otros ya fueron, no cruzaré el portal de tu casa.

Me iré cabizbajo por la misma calle vacía y angosta de tu barrio, entre luces de semáforo y asfalto, pero seré dichoso de haberte tenido dentro. En la renuncia, en la espera hay más deseo sincero que en cualquier entrega.

Sereno en Sombra

Y buscaré tus ojos una tarde aciaga. No fue tu mirar indemne quien prendió quizás aquel gesto inerte aunque profundo, aquel que me devoró en deseo...

Sobre el deseo todo se ha dicho pero todo está por decir, paradójicamente ese misterio le pertenece. Nosotros tan sólo somos sus artífices, actores que el tiempo se encargará de situar dentro del silencio. El deseo se parece a una habitación vacía en la cual sólo somos el único invitado: el único que no se marchará.

Ni las lagunas o los charcos rotos de la razón, ni los agravios del amor hechos a la medida de mis actos, en oscura voz conjugados, rotos para ser vividos aún más profundamente, podrán decir con exacta certeza el límite del deseo; voz en llanto y filo de esta navaja.

A veces, las gacelas del olvido duermen tu mirada sobre mis hombros y el acierto es entonces evitar que el sol asome por entre los vidrios de la mañana... aunque de nada sirva silenciar al tiempo. Él siempre gana la batalla a los noctámbulos del amor auque éstos suden su dicha con orgullo y duerman encadenados a las estrellas.

Dame tú la luz que el tiempo me arrebató sordo a su paso, quebradizo en su intención e implacable como tu cuerpo sobre la cama sola. No permitas que me devore sin antes haberme besado.

La poesía nombra la agonía de aquellos que se aman, no va más allá, pues nada más le afecta. Existe únicamente para recordar al mundo el destino más afortunado (a veces el más triste, también) no conoce dueño, no calla su discurso. Ciñe su sombra y duerme su destino fraguado en un abrazo.

Sonata del Desierto

Esta noche se fragua el destino que te toca.
Su luz, sólo a ti te pertenece.

La sonata del desierto de los abrazos. El calor de cuerpos encendidos en movimiento bajo la simple tela, constante lucha sin tregua. Veo hacia donde el mundo va. Tiemblo ante esta voz certera que me impulsa a hablar. Todo es verdad pues al fin mentira todo será. Si crees que me he vuelto loco es que nunca te han besado como la primera vez. -¿Recuerdas?- Sí, el dialogo del sordo cocodrilo, la estilográfica gastada al derramarse sobre la blanca hoja, el texto que fija la idea a la que nuca representa, la sed de ser otro; el amor indecible cincel del deseo.

Todo eso está hoy aquí, conmigo en esta noche de ciénagas y charcos. Pues voy saltando sobre los hombros y sobre las lenguas también de los muchachos inocentes de la noche. No conocen la fiera que representan ni calculan el veneno añejo fraguado en su mirada.

Sigue el timbal del tiempo, la lucidez que enciende mi alma. Este saber sordo, clavado como puñal memorable es el filo de una navaja hecha epistemología. Saber del mundo como yo lo hago es doloroso pero reconforta. Hablo del mapa del sentimiento, del ditirambo solitario de la memoria, de la mansedumbre del cuerpo sobre el lienzo de la cama. Todos fingen no saber, pero saben. No llorar aunque lloren: besar con la mirada...

Esta noche se fragua el destino que te toca.
Su luz, sólo a ti te pertenece.

Teorema de Euclídes

El teorema de Euclídes esconde la ley que marca con pura perfección cuerpo y materia, luz o rostro hechos a imagen y semejanza de un potente Creador (demiurgo de su miseria) Sólo el cuerpo que es alma cumple a la perfección los designios de Zoroastro, de Belcebú, de aquel antiguo Zaratustra. Antiguos dioses o soles sin firmamento que también dijeron su ley, hoy inconclusa.

No haya mandamiento, sino puro límite y pureza devorados. Escombros del entendimiento para construir una ley antigua que hoy nos sirva, nos pronuncie, nos prescriba y designe la magnitud del caos que nos habita. Somos hijos de un Dios huérfano que quiso ser dicho mas no sin zozobra, no sin dolor, no sin llanto.

Dame esa línea infame que es tu cuerpo, rómpeme si es ese mi destino o márcame el camino donde todos seremos confundidos por una fe perversa. Danzamos dentro del caos que nos representa. Morimos absortos por el abuso, colmados en la mansedumbre tumefacta del deseo. Erigidos y repletos de mentiras como letanías sordas y vacuas, escritas en lenguas imprecisas o conjugadas en los salones del sexo sin amor, del amor sin rostro y del llanto sin futuro.

No consigo seguir esta ley, el teorema euclidiano no responde a ley ninguna sino al absurdo más asombroso. Dignos de un pasado huérfano un mismo declive nos espera. Más allá no habrán danzas, ni sabios, ni ley que nos ampare o represente; nada ni nadie que marque el camino sin luz y sin destino que nos espera. Tristeza moribunda, prostíbulo cenizo roto sin clientela, sin la alegría del cuerpo, sin dicha en el amor.

Corruptos de vacío.

Esta es la tormenta que cantan mis dedos sobre el teclado frió. Efervescencia febril, abrupta, imprecisa y loca: variedad de nuestro destino.

Erigirse en escombro no es fácil, soportar la existencia o la angustia antigua que es aurora sin desvelar, tampoco. Los filósofos y los sabios supieron el porqué de sus mentiras. Desde Éfeso a Macedonia, desde Alejandría a Constantinopla, de la Meca a Belén: el hombre fue la historia mejor contada. Una mentira piadosa sin magnitud: Un fallo del redentor.

Utópico
(Contra la Guerra de Irak)

Soy utópico. No me cabe la menor duda. Eso es lo que me ha dicho hoy una compañera de trabajo cuando comentaba con desánimo mi frustración personal por esta guerra no deseada. Me da igual: Si, soy utópico.

Lo soy porque pese a comprender los móviles técnicos de esta guerra y sus causas y el simbolismo de sus gestas, me entristece. Porque no quiero que se me congele la sangre de puro mirar en televisión este fracaso del hombre que ha perdido la ética más elemental. Nos hemos acostumbrado al dolor de tal forma que nos da igual ver ese mismo horror milimétricamente narrado por los medios de comunicación que libran también su propia batalla a golpe de audiencia horrorizada.

Lo soy, porque pienso que esta guerra es un fracaso del hombre con el hombre y porque me duele admitirlo.

Los soy porque más allá de liberar a un pueblo de su tirano, otro modelo tiránico se alza con un despotismo tecnológico y teológico de capitalismo feroz muy peligroso para el mundo libre.

Lo soy, porque me dan ganas de llorar y lo hago...

Por la pena que siento y que sé que sientes y sienten muchos y muchas.

Porque esta guerra es una liberación que libera otra verdad: la verdad absoluta del triunfo de un materialismo devastador al que asombrosamente nos hemos acostumbrado y que nos daña de forma múltiple impidiendo el derecho natural a nuestra felicidad.

Soy utópico, porque decido serlo, por rabia y por puro amor.

Pero también me siento orgulloso pues nunca antes he visto a la gente tan unida, ni a las conciencias tan despiertas. Y me alegra y me llena de felicidad ver cómo ser utópico se contagia y es la siembra que nos devuelve secretamente el ápice de dignidad que nos roba el hábito televisivo del horror.

Del horror contado, tácitamente detallado para gloria y disfrute de un Caudillo del dolor y de sus secuaces en pos de un modelo global de repartir la riqueza cada vez más violento.

¿Acaso sea el único posible? ¿El menos malo?

Por ello, mañana y todos los días que haga falta; saldré a la calle a decir junto a miles de personas:

Si, soy utópico.

Viernes Santo
(Carta abierta al todopoderoso Jesucristo)

> *Pudrir poco a poco el siglo veintiuno. Vender*
> *Los gusanos en las plazas. Resucitar*
> *A Dios en las cajas de zapatos.*
> *Cavar el mundo, sepultar los cielos...*
>
> Iván Silén

Llámame iluso Señor por creer en ti todavía. Hoy que todavía es ese algo al que agarrase en la caída. Llámame Señor iluso ya que mientes con franqueza y enconada emoción pues somos el redil de tu rebaño todavía virgen, todavía corrupto. Somos la imagen febril de tu cuerpo en carne, abierto y clavado en la cruz de tu cetro. Somos el alma todavía sin rumbo de tu orilla, el puente que une son de tambores y luz de miradas encendidas...

Si decido escribirte no es por torpe idolatría sino de pura debilidad. Sólo el fuerte sabe que de allí proviene su firmeza. Yo también quiero estar (como ya lo estoy ahora) clavado en madera bajo un INRI que merezca luego misas y templos llenos de vacua fe.

Sé que tú solamente templas la fe quebrada de aquellos que hacen de ti símbolo de su esperanza, noche de su pena y justificación del alma. Pero yo, que de ti no soy ya nada, quiero escribir esta carta sin remite en el día en que tu morir clavado no es más que una fiesta de liturgia ensangrentada.

-¿Quién soy yo?- Soy tu hijo que te llama en este día y en la muerte que representas bajo tu fe invertida hecha cómplice que habita en las ciudades y es espanto conjugando en dolor de multitudes.

Mi Jesús... esta carta chiquita no irá más allá de su mañana, ni tendrá respuesta a pesar de sus preguntas, ni irá firmada sólo con la sangre de todos los blasfemos mientras vemos tu figura de enjuto dolor, clavada; jugando al juego de la representación. El dolor, mi Señor, no es "aquello" que inventaste en tu discurso: es la condición de quienes cantan y está detrás del lamento de otros tantos que enjuagan sus lágrimas en paño de perfecto nihilismo.

Hoy mi carta es el dedo que te apunta y la lanza que herirá de nuevo tu costado aunque también, la sinceridad recompensada.

Cúmplase hoy tu fiebre y tu pena.

Que el dolor hecho sangre fluya en veredicto sin trayecto, horizonte de horror socializado...

Permítenos creer en ti todavía a pesar del vacuo sonido de tu imagen.

Tus palabras de ser tuyas ya no son meras promesas.

Bendícenos con blasfemias recientes y danos el pan nuestro cada día mientras éste le es robado al moribundo que agoniza.

-Amen sin pan-, -Amen sin gloria y sin pena-

Beso tu cetro Señor en el día de tu ausencia, siglo de nuestra esperanza.

Sálvanos del cielo que predicas y maldícenos, Señor, por los siglos de los siglos, Amen.

El Amor en los Tiempos del Bicing

Pido disculpas al lector accidental o despistado. No es que quiera parafrasear la obra de García Márquez "El amor en los tiempos del cólera", es más bien un capricho inspirado en dicho título que más allá de todo plagio pretende ser testimonio y si se quiere elogio de su obra. Es una experiencia lo que aquí se presenta. Nada más que eso. Un sentir, un ser específico. Por tanto este texto toma inevitablemente la forma de confesión (excusa de todo autor que se empecina por contar algo que pudiera no interesar al lector).

"Parece que el miedo ha conquistado tus ojos negros, profundos y templados...", nos canta Bosé desesperado, como anunciando una antigua aurora; ocaso de los 80...

No hagan caso de esos cantos de sirena. La lírica siempre nos engaña aunque sus prodigios son innegables y diría que ineludibles.

Lo que pretendo decir es algo más hondo, menos lírico; menos musical. El amor se parece hoy a una estación de bicing... Algo que se alquila por tiempos y que dura lo que un trayecto. El impulso de un recorrido. La distancia entre el amor y la soledad es difusa, se salva apenas con un leve trámite de pedaleo.

Nos hemos acostumbrado al alquiler. Alquiler de las casas, de los medios de transporte, de las habitaciones y de los cuerpos a los que llamamos con júbilo amor o ligue o vete tú a saber qué cosa. Todo nos viene bien con tal que cumpla su objetivo, es decir, nuestro propio deseo. Hay quien, como yo, no encaja en este esquema trepidante propio de nuestros días. No por estrechez, mera mojigatería o falso puritanismo; sino por pura prudencia o quizás desencanto. No me parece que el mercantilismo deba afectar a los cuerpos, a las relaciones, al amor; prescindiendo de todo contenido digamos "vital" o "romántico" (palabra que en nuestros días nos produce cierto asco).

Hace tiempo que dejé de creer en el amor como algo perdurable. A veces toma la forma de una metamorfosis pero adquiere sólo el talante de compromiso en el trámite de una flaqueza, tan sólo cuándo estamos al límite o ávidos de sentimiento. No todos lo están y, desde luego, no todo el mundo al mismo tiempo. De ahí la sarta de desencuentros que soportamos y el hastío que nos produce un exceso de amor o de sexo poco afortunado.

Amar se parece a un lugar extraño donde los invitados nunca se van. Quiero decir, el amor más que una aspiración legítima, semeja una oportunidad, un trámite, una expectativa difusa que debe ser cumplida sin rechistar.

Milimétricamente trazando en el corazón, mis amigos clavan sus miradas compasivas sobre mí -cuando me preguntan- ¿qué os pasó?, ¿qué dio fin a vuestra relación amorosa? -Francamente, ya no sé qué contestar. Quizás, ya no desee contestar. ¿A quién puede importar el dato?

-Les digo- "Tomaron mi cuerpo y con la sencilla materia de mi ser construyeron puentes, levantaron muros que luego debí derruir en pos de mi orgullo". Ellos no me entienden como es lógico, algunos lo intentan… mas todos intuyen que tarde o temprano también a ellos les sucederá. Todo mi ser fue extinguido, dilapidado por amor. Quizás por pura conveniencia. No mía, sino de él (es decir, de aquel que fue mi compañero).

Todos me piden el mapa de mi desdicha, aseveran con torpe cautela lo imprudente que fui, mas al final; soy yo quien se queda a solas con el recuerdo y la rabia por no saber elegir entre el placer y a la ilusión. La misma diferencia existe entre un pensamiento, una decisión y el deseo que los sustenta. Mezclemos todo y lancemos los dados sobre nuestras vidas… crucen los dedos y esperen el resultado que será como mínimo aterrador. Así son las cosas del amor, mero juego de azar, intercambio de fluidos y de promesas cuyo objetivo es no cumplirse jamás (jamás como esperábamos).

El amor en los tiempos del bicing, (nuestro tiempo) no es mejor o peor que otros. Si más arduo, más intempestivo; más voraz. Todos piensan que amar de forma auténtica, quiero decir; como antes, limpiamente y sin temor al compromiso - si es que hubo un antes en el amor- significa un sacrificio digno de unos pocos elegidos. Efectivamente, no son demasiados quienes están convencidos de lo contrario. El ocio se mezcló con el amor y juntos parieron el placer masificado y repartido a diestro y siniestro en la red. Todos y todas se anuncian queriendo significar, cuando lo único que desean es gustar.

Versión insólita y moderna de nuestro tiempo. Voz de todo ser que ha perdido su significado. Todo debe ser consumido, corrompido, con lúcida o estúpida avidez de fin de semana. Se trata de la actualización feroz del placer que diría Foucault. Que todo sea cuerpo y no mente, no sentimiento. Que todo se parezca a un alquiler de bicicletas. Tarjetas y números. Montar, recorrer y bajar -no olviden de aparcar bien el vehículo-, por supuesto.

Todo un mercado se justifica así, todo comportamiento se prolonga en largas esperas de falsos alientos y esperanzas simbólicas. Las grandes ciudades se han convertido en mercadillos de amor fantasmagórico y sexo fácil. El Sida hace estragos en este terreno fértil donde el comportamiento es la verdadera vacuna y la ignorancia y el desequilibrio, la posibilidad de enfermar.

Ésta no es una visión apocalíptica sino real de la situación, menos lírica si se quiere pero no falta de justificación. Es preciso, pues, fomentar la conquista, el arte de la seducción. En especial a partir de según qué edad (ó quizás la edad no tenga que ver con esto, sino la sensatez y la inteligencia que algunos han llamado "emocional").

He sido victima de estos avatares recientemente. (-Sí, lo he sido-) He pagado el precio de un corazón dañado por alguien que no merece ser nombrado. ¿A quién le importa?

Tomen nota, el amor en los tiempos del bicing es un *rental* fácil; difícil de olvidar.

Sonrían y pedaleen.

V

DE VICIOS Y ÁNGELES

El valor de las personas corrientes
Es todo lo que resta entre nosotros y las tinieblas.

-Al Lector-

Todo lector merece el respeto de lo imposible, de lo que no se cumple. Nunca el relato debe contener todas las pistas. Ni la poesía, ser espejo fugaz de la belleza. La novela deberá incluir, por lo menos, el trazo de algún personaje que nunca será descrito. El autor no se anticipa al lector que le espera callado y paciente detrás de algún libro.

Con este ánimo de lo imposible, este misterio y algo de osadía; se tejen las frases de este libro extraño -bien poesía, bien prosa- que dice justo aquello que el corazón no expresaría de otro modo. La verdad y la mentira son lo mismo. Lo mismo son el amor o el odio, el deseo y la mirada; el cuerpo y el alma... Depende del lector, de todo punto de vista, el comprender un relato. Es el texto quien apunta a un norte de significado, aquel que deberá seguir quien se inicia en una lectura.

Esta dualidad que nos alienta a escribir, a leer, es el templo de nuestras obsesiones. Lo posible hecho relato trágico: poema derramado -unas veces-, historia celebérrima, otras tantas. El relato es lo único imprescindible y un lector que sujeta el libro y se acomoda en el silencio cálido de la alcoba, o en trámite de un cotidiano trayecto urbano. ¡De cuántas soledades nos dispensa la lectura! ¡Cuántas ilusiones abraza! En efecto, existe algo de tristeza en toda lectura pero ese algo alimenta la pasión y facilita la existencia.

El mundo no sería el mundo sin narradores y libros.

Acto de Contrición

El Cristito de barro se ha partido los dedos
En los filos eternos de la madera rota.

Federico García Lorca

I.

Nadie sueñe,
Nadie goce con vehemencia,
Nadie copule son la Salvación.
Nadie escriba nombre de hembra en el brazo de su hermano,
Ni abrace cuerpo de varón de endeble encarnadura
Justo donde el corazón desfallece en falo de prodigio.
Nadie dude, que nadie observe.
Vigilar o castigar el impudor
Será codicia de unos pocos.

II.

Nadie tuerza el metal o tense el arco
De flechas devoradas por el viento.
Nadie pronuncie nombre de varón en vano.
Nadie, en vano, rece al Jesús Nazareno de su deseo.
Nadie traiga las manos manchadas abiertas como llagas
Y el corazón castigado,
Cerrado a la esperanza.
Nadie prohíba o prescriba.
Nadie caduque su deseo
O trasmute en ilusión o porcelana..

III.

Nadie lea versos sentado en la orilla de un hábito.
Nadie hable de ilusión al besar a los muchachos más bellos.
Nadie diga nadie,
Ni nunca;
Ni nada.
Jamás se mienta con sigilo.
Desdecirse
            Desdicharse

IV.

Nadie proteja nada
Que él mismo no conozca:
A nadie,
De nadie
Sin nadie...
Todo es lo mismo
Y fingir será descubrir
Como nada o nadie
Se dirán igual.

Adioses

Vuelvo destronado al filo de lo imposible.
Qué terca osadía me tensa,
Me atribuye,
Me devora.
Ojalá que nunca regresen aquellos momentos
Indignos para el mundo o secretamente
Callados,
Para siempre.
El sigilo que llegó
No fue por ti;
Siquiera por ninguno de los dos.
Fuimos leves,
Fugacidad huidiza
O gloria de duendes
Que jamás encontraron su reinado.
La ingrata imaginería del mundo
Nos desmonta.
La realidad, ofensa tenaz,
Habla de ti en el idioma de los incautos.
No te veré más
Quizás debajo de nubes indemnes
Quizás por puentes o callejas de difícil trazado.

El adiós es más profundo si se siente a tu lado.

Al Alba

Estás conmigo como están mis ojos en el mundo.

Luís Cernuda

-Mírame-
¿Soy yo el muchacho de tus dudas?, -dime-
¿Acaso no es por ti este sentir sombrío
Como sombra de luna rota?
-Sí-
Soy yo el duende que te espía cuando duermes,
Quien te seca los labios al besar,
Que te arropa en la madrugada más inmensa...
-Dímelo-
¿Acaso no es por ti esta noche rota que no cesa?

De la distancia que nos separa
Todavía nadie ha murmurado...
Sin mácula en hoja escrita o por escribir
Sobre el rumbo que trazan tus hombros de sueño.
Si jugamos a buscarnos en los encuentros
Que sean éstos quienes hablen.
Si buscamos del lado de los equívocos,
Que nos maldigan con la envidia de los vivos.

-¿Lo ves?-
Ahora las luces se han encendido.

Alma Negra

Ebrio de viento y de follaje,
Cuando el sol y el mar trepan a las terrazas
Y cantan su aleluya.

Heberto Padilla

Vuelos de Cuba
Sobre el bronce oscuro hecho piel, solamente,
Del hombre que mira y sonríe amablemente...
Vuelvo a Cuba (la isla de mi sueño).
Isla imaginaria de locos,
De luces donde el sol incendia las terrazas.

De gritos las calles plagada.
Cuba ofrece el recuerdo de los besos
Dados por los mejores amantes y las peores
Amarguras, también.

Dejadme la Cuba del fuego,
La voz que canta con ronco songo cubano
Y viento endiablado.
La que ahuyenta el miedo
Trayendo alegría de alma negra
A orillas de mi incertidumbre.

El hechizo de lo imposible
Fue visto en Cuba -cuentan algunos-,
Cercando el malecón de La Habana.
Yo he vuelto a Cuba -ya lo dije antes-
A la isla de mi imaginación y de mi ensueño.
De salmos bellos y cantos esclavos
Llevados por el viento.
De grafías esquivas, también.

    A escribir el hechizo de lo imperfecto,
    -a eso vine- que no al amor, ni a los juegos, solamente...

Y no preciso saber
De quien sólo habla de su cansancio,
De la austeridad, de su barrio colonial
A pesar de las nubes de esperanza...
No preciso escuchar a quien me habla
De su amabilidad confusa,
O de su entrega inusitada...
Por si no lo sabían: allí los bellos ángeles
Huelen a hierba mojada y saben a piel y a sol;
Y besan los labios al pronunciar tu nombre.
Allí, serás siempre bienvenido, viajero.
Olvida las fotos y los mapas
No precisan ruta esos acentos.
Olvida la guía de calles, los consejos de bellos museos.
Solo camina,
Que el cansancio del caminar te lleve lejos.
Quizás desde Holguín hasta Guantánamo, pasarás por Cien Fuegos,
Camino de La Habana.
Allí, donde la luz es pura gracia.
Si vas, a tu regreso no me lo expliques.
Cállalo para poder imaginarlo al pensar:
-¿Por qué sé describir ese lugar en el que nunca he estado?-

Amor No-Nacido

Quiero que seas mi holografía acariciable.
No el espacio poblado de silencios,
No la ruta que la pasión desconoce,
No el roce fugaz del desánimo.
Quiero que sigas lento
Dentro del porvenir que inventamos
La noche de los abrazos que no dimos.

Todo está por decir, todavía.
Todo puede ser presente,
Sendero no-aplazable,
No-remoto;
No-vendido a la pobreza del tiempo que no fue,
Que inventó tristeza memorable...

Sigo queriendo verte traslucido,
Ungido de la vitral frescura que me diste.
Que aun sean promesa las torpes palabras,
Quisiera.

¿De quién depende?
¿A quién debemos el ocaso de lo no-sucedido?
¿A quién el desamparo lento de lo que no-espera?
De puro postergar la felicidad
Se nos rompió el amor:
El amor no-nacido.

Quiero ser la holografía del viento
la ruta -in situ-, del tesoro de tu cuerpo.
No el desánimo que inunda de ríos la mente.
No, al fin, el tiempo que renuncia y hurta
Ancestros de alegría.

Si, a ti y a mí, lentos en el amor que es abrazo.
Si, también, a quien no quiera verlo.

El odio es lento
                    Y fragua heridas
                                    Que no cierran
                                            Jamás.

Derramado me fui,
Sereno; con la osadía de quien jura, volverá.

Charquitos de Amistad

Yo no sé qué hace falta para ser necesario

Luís Muñoz

Ahora que te has ido
Regresaré fugaz al rincón de nuestros besos.
¡Que no todo sean despedidas!
Las luces o la música en la sala,
Las voces de otros tantos visionarios
Como solitarios bebedores,
O adolescentes dulces en su indolencia con el mundo;
No serán ya escenario de aquella ternura.

Nos regalamos palabras y gestos,
Compañía y amistad,
Pero nos faltó el tesón
Y fueron ciertos los rumores
De aquellos que proclaman al viento
Que sentir es a veces
Un charquito de amistad.

Crucifixión del Puro Amor

Deseo verte tan sólo a contra luz,
Gastando el tesoro gélido de tu ambición.
La idolatría y la desesperación van justas
En este viaje que ofrece tu presencia.
No tocar lo que sólo es del viento.
De allí viniste gélido en discordia contigo mismo.
O irás quizás, otra vez,
A oír hablar del mañana que nunca llega.

En esta sintonía de amor glacial,
De risa o de distancia, queda el afán de
Reposar en ti mi frente sobre tu hombro.
Mi boca busca tu boca de frió.
Tus manos sobre las mías
No encuentran cobijo,
No escriben mi nombre:
Tan sólo al aire conmueven.

Dejaré que surjas de la luz
De tu propio destino
Dejaré que hable la leyenda que te habita
Dejaré todo y aún más...,
Todo lo puedo dejar, hoy todavía.

No llegaré
Para no tener que irme.

Debajo

Debajo de la nieve que te cubre
Esta mi ilusión de lana y mi afecto
De pura distancia.
Debajo de tu luz talvez,
Mi corazón repose un día.

Debajo de la distancia que te nombra
Una intuición antigua te cerca,
Un beso que fue robado,
Un abrazo o un tacto huidizo;
Como sombra de luna triste.

Debajo de la noche que te nombra
Sólo sombra,
Sólo nombre,
Sólo, pobreza y rigor encendidos.

Y no es mi culpa que no pueda coincidir
En el lugar del primer momento.
El destino nos juega, nos nombra y nos tensa
Como arco y flecha vencidos ante su gesto.
Es él y no los demás, quien nos perpetúa a su capricho.

Debajo de tu gesto que es distancia y frío,
Y me invita a sucumbir en un mar de lágrima y deseo,
Ola que no acaba de llegar y navega en dos direcciones;
Está el destino que nos unió fugaz como el viento.
Debajo de los mares el olvido nos espera.
Abajo, más abajo todavía,
El duende de la infancia,
El chiquillo que jugó a ser mártir;
El joven feliz el día que se enfrento con su destino.
Y más allá todavía, el anciano trémulo que seremos;
Venturosos en un porvenir hecho presente.

Debajo de esta duda ya no hay duda,
Ni besos, sólo jirones de ambición y codicia devorados.
Talvez debajo, más abajo de tu luz, de tu piel
De tu "no saber", se encuentra mi esperanza,
Como inútil dictado.

(II) Dos

Duermen dos al amparo del silencio.
Dos en amor, dos en crepúsculo y mansedumbre.
El amor es el espejo de la ensoñación.

Duermen dos,
El uno prolonga al otro en su debilidad.
El fuerte es débil sólo por el amor
Que le une en fortaleza a su amado.

Duermen sólo dos,
Para que el amor sea cómplice;
Verdadero en siembra
Siembra de dolor
Y dicha de unos pocos.
Silencio...

Duermen dos.

Enigma y Tiempo

Me perdí en el paisaje ignoto de esta rutina.
La vida inexplicable de lo eterno se mece
A veces dentro de las cosas simples.
No tengo otros anhelos que estos
Pero son tan pocos...

Me cumplo cada vez que miro hacia adentro,
Pues ya lo dijo alguien: "todo es un adentro".
Una espera que se alarga hacia un estrellato
De ansiedad...

Y así, se escapa la felicidad, rota y traicionada
Que adoramos en la infancia y maduramos cuando jóvenes.
Somos los adultos de la infamia.
Traicionamos tantas ilusiones...
Sufrimos ante los hallazgos del deseo insatisfecho:
Sin descanso, hacia lo eterno.

Me cumplo, cuando canto, cuando sonrío y pienso
Que cuando duermo no atiendo ya mis viejos seños
Sino a los tuyos por venir.
Aquí renacen mis egoísmos nacarados,
Mis ansias más afiladas;
Mis temores viejos que dibujan un horizonte firme,
Todavía.

Y desde que sabemos que todo está cambiando,
El amor perdura como recuerdo.
Viejo espejo, hecho de trocitos de cuerpo y gastados abrazos.
La forma de ver el tiempo no existe,
Y esto dedos...
          ¿Qué hacen aquí rozando apenas tu cuerpo?
No sabemos más que antes,
Sino distinto a lo que fue.

La Medida del Amor

La mesure de l'amour, c'est d'aimer sans mesure.

Saint Augustin (354-430)

Vengo vencido
Por ello busco refugio en las alas de la noche
Noche de búsqueda y azaroso encuentro
Donde tu cuerpo es el faro que alumbra
Mi humana condición de naufrago.
Lo di todo por un beso
El mismo beso que todo me lo quitó.

Recuerdo ahora como rugían tus hombros de luz.
El torso latino,
La senda de la espalda que aboca indefectible
Hacia el tramo donde pierde su nombre,
Las manos grandes
Los ojos como soles.
Enmarcan dos cejas una mirada sincera.

Recuerdo el sonido del aliento:
¿Tiemblas? -preguntabas-
No es de frío -respondí-
Recuerdo como se perdía mi tacto en tu tacto,
Mi voz en tu voz;
Como se perdían las horas en breves minutos,
Que largos los días de tu adiós, entonces...

Recuerdo -juro aún que así fue-
Como hubiera dado un rumbo distinto a esa historia
Como hubiera permanecido más tiempo
Como, el tiempo hubiera parado, de ser posible
Al postergar lo inevitable.

En un salto me vi a bocado a la más terrible de las realidades.
Me abrazaste, fuerte, en un abrazo de firme despedida.
Si nos vimos otra vez -como explicarlo-
Quizás fuera el destino,
¿Quién sabe quizás lo qué fue?
Lo que pensaste,
¿Cuál fue tu sentimiento?
Nunca dijiste nada inapropiado (en eso eras el mejor).

Si no hubo continuidad,
No hubo nada.

Panorama Encadenado

Ningún sueño es errar el panorama de ilusión que congelaste.
Romper terca atadura de errores y de encuentros.
Es no querer bajar la cabeza si deseas cuando amas.

(No querer herir, aunque se haga)

Ningún sueño es decir "vendrá tal vez mañana"
Es abrir la puerta que el corazón atenaza;
O hablar al viento con lenguaje de incauto embaucador.
Los sueños contienen las trifulcas del alma,
Del cuerpo que reclama un cuerpo idéntico;
Del hambre que pasea a hombros de tristeza encadenada.

Ninguno, no es nadie, ni tampoco, ni talvez...
Es más. Es alma y, efectivamente, un nunca impertinente
Que no marcha.
Es paz o calma en ocasiones,
Dolor y desmesura otras tantas.

(Los sueños son eso solamente, sueños por cumplir con esperanza)

Ningún sueño, -mejor sería decirlo en voz alta-
Se cumple así mismo sin ayuda de otro.
Es no haber errado si te quise.

No evitar la rabia que nos vence,
No apagar la luz que nos ampara.

Como machas de luz se llenan las ciudades
De sueños por amor.

Planeta Imaginario

Allí donde imagino el mundo está la paz de tu suerte,
El cálido calendario,
La máquina de escribir gastada por el uso de lo cotidiano.
La taza de café o el portafolio
Donde recomponer mágicamente
Mi mundo y tu mundo recordando
Mi silencio en tu silencio
Y mi ensueño acurrucado.

Allí donde imagino el mundo
La paz es una suerte de virtud
Y la virtud el lugar predilecto de los hombres.

Allí donde juegan a buscarse
La fe, el amor y la muerte;
Descansa esta suerte de poema conjugado.
Donde el mundo me lleva
Justo a tu lado,
Donde ser más verdadero
Y donde cumplir con júbilo la suerte que me atenaza.

Es allí donde juega la esperanza
Al trazado de predilectos pensamientos.
Los sapitos del asco
Las virtudes todavía frescas
Juegan a encontrarse allí;
Donde cede el diccionario.

Donde mi cuerpo buscó tu cuerpo,
Donde la fe rompió un día los espejos.
Donde jugamos a ser libres al querernos;
Existe un destino adormecido
Un universo de palabras y un te quiero arrinconado.

Poema Bipolar

Averigua tú, la verdad de la certeza.
En toda poesía no existe siempre plano de palabras.
¡Qué no todo sean puentes de significado!
¡Qué algo perdure más allá del olvido!
Indaga, pues, en el hondo penar rimado de estas estrofas.
(Párrafos de luz)
Ensangrentados renglones bipolares,
Epidermis que os templa de la mejor forma.
Al son de mi voz.
Surgidos de otras voces de lector,
Que nuca conoceré.
Extrapolar los sentidos
No exime los duros vocablos,
Las frases demasiado rimadas;
Las ensoñaciones hecha frase.
Todo horizonte poético
Apunta hacia el mismo
Abismo del cual ha surgido:
Un impulso posible en lo imposible.
-Una terca osadía-

Averigua quizás, de la memoria,
El rastro cetrero de su origen.
Olvida las frases que leíste (que leímos) de niño.
¿No son igualmente flechas embebidas
En le veneno del significado?
Insiste, en lo profundo, lo necesario,
Lo intangible de cada giro, de cada intención...
Todo imposible es, a su vez, reducible a palabras,
Cifrado en frías gramáticas,
Roto de puro significado o quizás,
Desvirtuado sin sentido.
Esto no es una provocación -lector-
Es el sino de todo poema,
Su horizonte virtual,
Su ser epistemológico;
(Seducción posiblemente filosófica)
Que no el sentir que lo inspira.
No el ansía que tiende puentes al significado.
Nunca el alma que lo vela, a pesar de la razón
Que lo desmiente.
El poema está ahí para que sucumbas,
En su trazado, a través de la lectura.

Trópico de Cáncer

De tu lóbrega mirada que nunca mira,
Del cansancio de llamarte sin ser visto,
Al camino nevado de la imaginación;
Tan sólo distancia y frescor encendido queda.
De tu voz apenas de chiquillo
Y tus gestos de astuto trepador
-que sólo hablan de ti-,
Surge este latir fuerte y esta sonrisa generosa
De pasión oculta y deseo temprano: lívido de lo imposible.

Llamadme mayo, sí, pero mayo en flor.
No-timbal de otoño ni sordo sudor de agosto.
Mayo en flor para tus brazos seré.
En el cuento de Peter Pan que ahora se escribe
Hay un lugar para tu voz y tus mágicas alas de infante.
Loca letanía o simplemente, capricho de primavera.
Por ti, un silbido en el espejo,
Un guiño o un pellizco
Bastarían para amansar la sed que no termina.

Cáncer es el mes del ostracismo,
De los sueños ruinosos,
Del amor en su forma más pura.
Yo iré cogido de tu mano
Lamiéndote las heridas que el desencanto causó.
Seré lacra en el sobre de tu vida
Y luz sin queja por ti, al fin... sólo al fin:
Beso en tu boca de ruiseñor.

¿Eras un Ángel o un Diablo?

Ni un solo momento, viejo amigo (ciego embustero insensato) he dejado de ver tu rostro plagado de estrellas, ni tu mirar sombrío y trémulo; alejarse en la soledad de mi alcoba. Un tiempo nuevo ha de llegar después de la derrota y si ese momento existe ya; quisiera beberlo a sorbos lentos con intrépida osadía de atleta.

He amado de nuevo y he sido derrotado en la batalla más cruenta, la de los besos que se resisten y las promesas que no se cumplen. Un embustero eras entonces y prometías mentiras tiernas que luego cortaron mi porvenir en trocitos. Nunca observé tanto encanto junto a tanta estupidez y malicia. Tus ojos desmentían lo que tu boca decía.

No importa, si he perdido mi tiempo, no todo lo perdí.

Me quedan las heridas abiertas como manos alzadas al aire, encendidas en la derrota y abiertas a las promesas. Esta hazaña prodiga más mi afán y me anima con ahínco a seguir andando, a seguir caminado y a este continúo buscar sin parar.

Los días sólo fueron eso, días; y pasaron con aplomo de ángel cansado. Ahora es el recuerdo el que me atenaza con su cruel mirada y mi alma se rompe en el dolor. El olvido no es un oficio que dignifique a menos que no sepamos volar de nuevo y enterrar a los muertos.

Amigo, si has amado y perdiste. Busca un escondite para tu amor muerto, guarda celosamente allí tus recuerdos y el nombre de quien tanto daño causó. Haz las maletas, sal a la vida. Escribe, escribe todo lo que quieras. Lee libros, pinta cuadros, camina sobre la hierba o la playa desierta. Busca gente. Haz nuevos amigos. Estrecha miles de manos. Llora, llora si lo deseas y sobre todo besa; vuelve a besar.

Todo escondite es síntoma de resurrección pero no de pecado. Tu único pecado fue el amor, el suyo arderá en los infiernos de la esperanza, maldito por la vida.

La Felicidad que Transita

Buscar la felicidad que nos eleva, nunca la que nos acomoda*
Dejar los ojos entre líneas de libros esquivos,
Borrar las zanjas del pasado. Olvidar el dolor;
Olvidar quien lo causó.

Buscar una felicidad lúcida, nueva, iconoclasta;
Que nos trascienda y nos atribuya al hacernos sentir
Partícipes y plenos; ante un mundo que quizás no nos comprenda.
Olvidar siempre, olvidar todo; respirar de nuevo y borrar del corazón;
La ponzoña del veneno y el rencor.
El amor es así: "Hice lo que tenía que hacer" -En verdad, ¿eso hiciste?-
Tu partida fue el mejor regalo que jamás me hicieran.

Olvidar, olvidarte, olvidado…. Conjugo con gracia las fuerzas de la memoria y me crezco en ella.
-¿De veras pensante que tu mediocridad de necio ególatra me tocaría?-
Olvidar, olvidado, olvido…. Rueda y conjuro permanentes.
Cantar al Universo, con la garganta mirando hacia las estrellas: nuevos
amores, nuevos universos, muchas posibilidades venideras…

Cuerpos nuevos que transitar con gozo, y la ternura que ignoraste ya
pertenece a otros.
De nuevo: Olvido, olvidar, olvidado… Rueda de los muchachos, ciénagas
en el alma.
Buscar una felicidad que sea, acaso una cama, un hogar en reposo, unas
manos amigas;
Mas no el timón de tus mentiras o los sapitos del asco de tu memoria.
No, lo absurdo que me diste;
Nunca el egoísmo trasnochado de tu empeño.

Por fin, la felicidad que nos eleva, mas nunca la que nos acomoda.

(*Nota del autor: Gracias a Luís Antonio de Villena por la generosidad de estas frases)

Reflexiones Antes de Navidad

Dejad que escriba en los ojos de Dios este poema. Dicen que Dios ha muerto: -si no muerto, ciego debe permanecer-. A buen seguro Dios nos confunde con una hormiga, o con la agonía más perfecta, con el cincel de la fortuna o quizás; con su obra inacabada. Él nos vigila especialmente en Navidad ya que gusta cruelmente de su reiteración. Ese Dios, semita y antisemita, ortodoxo o budista, anticatólico seguramente... Dios de los casinos, las tabernas y las ciudades de la crisis y los medios visa televisados. Ese Dios que un buen día nos dejó papel y bolígrafo para que escribiéramos nuestra propia carta de despedida.

Dios se emancipo de los almanaques, los mapas y la bibliotecas, se adormeció en las iglesias; y hoy tan sólo permanece como acto simbólico en los corazones de algunos -aquellos que llaman fe a ese impulso-. Con Dios o sin Él, algo divino y definitivo flota en esta atmósfera. Algo que me remite a lo trascendente, a algo superior quizás y me aboca hacia mi propia egolatría. Palabra tosca y sucia por su inutilidad. He colgado el alma en los campanarios de mi ciudad. He regalado mi fe a los mendigos en sus esquinas; he rogado al infinito por un final distinto y, sobre todo, por un futuro mejor para todos (y no tan sólo para algunos).

Nadie lo constata, todavía es pronto y además; todos saben que los medios del cielo andan plagados de promesas estos días... Quizás sea mejor ir al shopping, allí en los grandes almacenes, catedrales de nuestros días, a que nos den la unción hecha tarjeta de crédito e ilusión envuelta en papel de lucecitas. Regalar, regalar... Comprar para regalar -¿pero si lo que debiera ser regalado no puede ser comprado?-. Da igual, el disimulo de los semáforos y las vitrinas frías, llamadas escaparates; permiten tales excesos. Los niños hunden sus naricitas frías en los vidrios de mi ciudad, los escaparates donde les venden la ilusión recompensada... la ilusión materializada, en definitiva, una ínfima expresión de la felicidad.

Los niñitos... ¡Qué crueles somos con ellos! Somos culpables por venderles un mundo que no les reconocerá y tristemente abocados a los Reyes Magos, consolas electrónicas y los interface.... Esos son nuestros hijos, nuestras hijas, nuestros sobrinos... Niños del mundo en Occidente, declive de su propia historia y sociedad ansiosa e indecisa; por tanto... Urge combatir el desencanto a golpe de visa o mastercard, todo eso urge... ¿De verdad es así?

Dios, pasó junto a mí el otro día, le vi más viejo que de costumbre...
rompía a llorar sin tregua y lo peor, sin promesa de redención. No me
miró porque no me pudo ver entre lágrimas: iba en busca de su propia
vida.

-Él la llamaba, prójimo-.

El Hada Ignorante

-Epílogo-

Esto debería de servir como epílogo a la edición de este libro a caballo entre la poesía y la prosa. Quizás en sus inicios esa fuera la intención pero me temo que aquel que inició tal aventura (hace ya bastantes años) no sea el mismo que ahora intenta ordenar poemas que en sus orígenes obedecían a necesidades propias de aquel momento. La vida nos modifica de forma constantemente y en ese trámite cambiamos nuestra percepción, no sólo de lo sensible, sino de lo intangible; es decir, de aquello que desgraciadamente escapa al lenguaje y a cualquier aventura estética (por muy metafísica que ésta sea).

Escribo este prólogo a mis 42 años (es evidente que aquel adolescente que con apenas 17 años inició su andadura vital y estética por la vida y por la vida oculta que es la literatura, nada o poco tiene que ver con el hombre o individuo actual). De todas formas sospecho que la persona si sea la misma, la experiencia y el dolor o la felicidad acumulados son otros pero no modificaron mi esencia.

Me refiero así al arte de madurar y de querer narrarlo en forma de libro. He aquí pues mi yo interior narrado milimétricamente en una andadura que se inicia a los 17 años (ya lo mencioné) y que presumiblemente ejerce todavía su efecto en la actualidad. Pues cómo describir un libro de poemas como este. Un libro que pretende elogiar un yo nocturno, conmovedor o vertiginoso. Arriesgo mi propia moral y la de todo aquel que se precie y que se deje llevar por cada una de las composiciones, poemas o prosas que conforman el conjunto de la obra.

Elogiar el lado oscuro no implica necesariamente un arte del ocultamiento sino más bien un querer sacar a la luz la parte más noble o villana (según se mire) y gracias a la cual surgieron los textos que sostienes sobre tus manos. Nada mejor que contar aquello que a duras penas nos trasciende, es decir: el dolor, el amor, la alegría de vivir o la desolación. Cierta osadía también se pone de manifiesto aquí.

Tómenlo como mejor lo juzguen pues este libro es mi holografía acariciable, mi yo más hondo y posible y el sustento de todo cambio, digamos, hacia una evolución emocional y psicológica, también. Al revisarlo justo antes de ser entregado al editor un escalofrío me recorre de pies a cabeza. Es el síntoma de quien se deja sobrecoger por la condensación de una vida hecha poema. Vivida desde la literatura y (diría) en pos de la literatura. Todo lo que soy o fui y posiblemente, todo lo que seré está escrito. Esto no es algo nuevo pues; cuántas veces nos hemos reconocido en el trámite de una lectura.

Elogiar es aquí un dar las gracias a la vida, un pequeño homenaje a quienes me quisieron o a quienes me odiaron (también a aquellos que me amen u odien actualmente o a quienes sientan indiferencia) pues gracias a sus estímulos tuve fuerzas para crecer y valor para contarlo. Son nuestros enemigos quienes mejor nos ejercitan y por tanto; con quienes siempre estamos en deuda. A ellos debo la fuerza y la virtud que ahora me embargan. Gracias pues si fueras tú, lector, uno de ellos.

Todo impedimento está al límite de lo imposible y gracias a ello se nos brinda la imposibilidad dentro lo posible. El intento es un salto, un rugido, un llanto o sencillamente, una sonrisa. Yo, que como la mayoría a mis años, estoy en tierra de nadie. Demasiado joven para ser viejo pero ya maduro para la inocencia. Qué gran contradicción y qué bella paradoja (llevada a cuestas por otro lado con estoica resignación de poeta).

Y es bajo el signo de una tal paradoja, al amparo de una terca osadía por narrar, por contar y vislumbrar aquello que tan sólo la poesía permite como este libro de poemas se erige. Como un libro de fotografías que va desde la adolescencia a la primera madurez, "Elogio del lado oscuro" es el mejor regalo que me ha hecho la vida. La mía propia calcada de aquellos que la atravesaron como una esfinge dejando en ella su rastro. Nadie mereció nunca mi indigencia, nadie quedó sin mención; algunos presentados con torpe idolatría. Sonrisa y lágrima. Beso y puñal. Amparo y rechazo son cómplices en este libro de los sentimientos más poderosos. La bondad también será reconocida por aquellos que la posean.

Le pedí a un amigo escritor de profesión que me redactara un prólogo para mi libro -Por qué no cuentas tu pasión por aquella película- respondió. Así no sólo se sacaba de encima el compromiso de tener que dar una opinión sobre el mismo, sino que además, me obligaba a reconocer aquello que en tantas ocasiones me había oído decir: La poesía y el cine son en ocasiones la misma cosa. No pretendo descubrir nada nuevo, tan sólo hacerlo patente. Les hablaré pues de esta hermosa película.

He aquí que depende de quien sea el padre de la criatura, es decir, director y guionista (figuras que en poesía encarna la misma persona), la cinta sea una colección de fotogramas poéticos, siendo el guión, el armazón y la cámara el alma de la narración. No sé bien por que se me antoja un tal paralelismo entre poesía y cine de autor pero sospecho que tiene la culpa el título elegido para este prólogo y un vano capricho por elogiar esta obra, digna del séptimo arte.

"**El Hada Ignorante**" como película tiene algo que también recorre este libro (no les desvelaré el argumento) y que desde aquí les presento. Es en ese algo conmovedor donde veo retazos de mi obra en la obra del director turco Ferzan Ozpetek (con guión de Gianni Romoli) que en esencia posee un lenguaje diametralmente diferente a la literatura. Sé que muchos dirán que un guión se puede parecer mucho a un libro de poemas. Efectivamente, así es. Cuando en 2000 pude ver el film mi libro de poemas todavía estaba inconcluso y por tanto mi poesía vivía feliz reposando en cuadernos o en el disco duro de mi ordenador. Hace poco un amigo musulmán (cuyo nombre me sugirió no mencionar) me regaló una versión revisada de la cinta y fue entonces cuando relacioné fotograma y poema. Estrofa y guión. Mi libro se parece al mosaico de personajes de esta maravillosa obra cinematográfica tan sólo en el espíritu que la atraviesa, gracias a una dirección e interpretación impecables. Es decir, en la intensa sinceridad de la historia. La misma emotividad y por supuesto, salvando las distancias entre géneros, la construcción narrativa.

Es así como la literatura y el cine son en numerosas ocasiones lo mismo. Cuántas versiones de no pocas novelas conocemos. Cuánta poesía en cada fotograma de esta obra. "El Hada Ignorante", título que caprichosamente relaciono con el mío: "Elogio del Lado Oscuro", presenta un mosaico de personajes que deciden sacar a la luz algo que de alguna forma permanecía oculto y por tanto en la oscuridad de las almas. La ignorancia y la oscuridad se me antojan lo mismo. Mi libro es pues un desvelar mi cara más oculta que es por ende aquella que mejor se parece a mi mismo. Lo marginal se torna luz, la intolerancia, seducción. La mentira, verdad. El egoísmo, compasión.

Y digo esto bajo el signo de un momento vital y personal en el cual las palabras: mentira, ignorancia, ocultación o manipulación, son algo demasiado patente en mi vida (a mi pesar) y que preciso manifestar en este prólogo. De esta forma me reconcilio con mi propio infortunio y brindo la posibilidad al destino de, por lo menos, otorgarme el beneplácito de la duda. Una aclaración: no es que sea yo quien ejerció el malévolo poder de tales sustantivos, muy al contrario: yo fui la víctima.

Es así como secretamente la literatura toma la forma de la venganza más sutil. Conspiración incólume contra el mundo y contra aquellos individuos que, de ser menos arrogantes, egocéntricos, ignorantes y pobres de espíritu; hubieran encontrado en mí aquello que no supieron (o tal vez no pudieron comprender). Mi venganza y mi perdón están servidos.

Espero que estos versos les aporten luz donde no la haya y tiniebla donde resida el caos. Todo caos precede al orden y se remiten el uno al otro, irremediablemente. Hay algunos seres extraños que quedaron inconclusos deliberadamente en mi libro que lógicamente abomina de la mojigatería.

Santiago Calleja Arrabal

AGRADECIMIENTOS

Este libro estaría incompleto sin mencionar a las personas y amigos que lo han hecho posible en mayor o menor medida. Hay personas que pasan por la vida y las hay que sin saberlo o a sabiendas quizás, dejan un recuerdo imborrable. He aquí mi pequeño tributo en relación a estas personas queridas.

A David Duaigües, amigo y diseñador de portada, contraportada y fotografía. Sin tu talento e ideas este libro estaría incompleto. Gracias por tu generosa amistad y saber hacer. También a la colaboración artística y desinteresada del coreógrafo brasileño Alexandre Ferreira, imagen en la portada de mis elogios...

A la gente de Trafford Holdings Ltd. (Canadá), por creer en este proyecto, apoyarlo y hacerlo posible técnicamente.

En otro orden de cosas, quiero manifestar mi gratitud a las personas de mi adolescencia, familia, profesores y amigos:

A Modesta Lozano, profesora de literatura de mis años como bachiller (Instituto Menéndez y Pelayo, Barcelona).

Mi paso por la Facultad de Filosofía fue breve... no así su influjo. Agradezco a los siguientes profesores de carrera su aportación en mi formación de aquellos años:

A Rafael Argullol, por sus clases de segundo ciclo en la Universidad Central de Barcelona y por ese pequeño libro que tanto me marcó: Lampedusa, Barcelona, 1981.

A Miguel Morey, profesor de Antropología Filosófica y otras materias; sus clases fueron un gran estímulo, y en especial su libro El hombre como argumento, Barcelona, 1987.

A Fina Birulés y a sus pequeñas gafas... Doctora en Filosofía Contemporánea y muy cercana al mundo de la poesía, también. Gracias por darme a conocer a Deleuze, Foucault y Wittgenstein, entre otros.

A Iván Silén, poeta de la alteridad; con quien compartí epístolas en la distancia entre 1998 y 1999. Profesor de literatura en Nueva York y exiliado puertorriqueño en los Estados Unidos.

A mis amigos Francisco Javier Cubero (poeta y editor en red) y Jordi Mata (novelista y Premio Sant Jordi de novela). A María Ruiz y Ana Ferrero, por nuestras andanzas universitarias y más allá todavía, amigos en la distancia. Su sensibilidad y amistad fueron un claro referente para mí.

Por último a mi familia, en especial a mi madre María Josefa Arrabal, hermanas y sobrinos: En la distancia también supe veros.

También hay lugar aquí para mis enemigos, esos seres extraños e infelices que tanto me han ayudado en la difícil tarea de ser más fuerte y mejor persona; gracias a su maldad, envidia, ignorancia e ingratitud, hoy me celebro y me canto. (A pesar de ello, Gracias)

Mención especial para **David Duaigües Pons**

Maquetación: Alejandro Gómez y Oscar Marín.